瑪莉詠的遺書

Nora Fraisse
諾拉・弗雷斯
黃琪雯——譯

Un récit recueilli par
Jacqueline Remy
賈克琳・蕾米——整理

瑪莉詠，永遠停在13歲的少女

文／周慕姿（諮商心理師）

《瑪莉詠的遺書》，並不是一本很厚重的書，但所講述的事情，卻沉重地讓我多次需要停下來，沒有辦法一口氣看完。

瑪莉詠，一個十三歲的少女，在學校遭受同學的霸凌，包含性騷擾、言語貶低與攻擊，甚至還有肢體上的傷害等。

最後，她的同學說她不該活在這個世界上，而她相信了這些傷害她的人說的話。

《瑪莉詠的遺書》，是她的母親，為了喚起法國社會對學校霸凌的重視，將瑪莉詠的遭遇、還有當瑪莉詠過世後，媽媽希望尋求「真相」而被社會、鄰舍與學校排拒的故事，一一記錄下來。

也就是說，在瑪莉詠因為長期不堪霸凌而離開人世，媽媽在追求真相與呼籲大家重視這件事的過程中，在權力結構下，也遭受了學校、甚至整個社會的霸凌。

一模一樣地，學校同學中不是沒有對瑪莉詠友善的人，就像發生這件事後，不是沒有對瑪莉詠的母親友善的人，但大家被有發聲權的校長、甚至更大的聲音壓迫與噤聲，不敢發生，不敢表示，或是被掩埋。

感覺到孤單、「難道是我這樣不對嗎」的自我懷疑、「為什麼大家會這樣對我」的憤怒與悲傷……反覆地出現在生活中。

直到有更大的支持聲音出現，當我們感覺到被支持、被關心，了解自己並沒有錯，是被愛的……才有機會脫離「被霸凌」的循環。

許多人在求學時期、甚至在職場、網路等其他人際場域，都有被霸凌的經驗。霸凌其實牽涉到三個非常重要的要素[1]：

1——引述自《霸凌是什麼》，森田洋司著。

1. 權力位階的不對等
2. 受害性的存在
3. 持續性

此三元素交互下可能造成許多樣貌，因此，觀察「被霸凌者為什麼會被霸凌」，幾乎沒有特定的原因。有些人可能會說：「因為我特別奇怪」、「因為我人際能力不好」、「因為我很不會說話」……，甚至有些人是「因為太聰明」、「成績太好」、「某方面優秀」等，成為被攻擊的對象。

對被霸凌者來說，把「為何會被霸凌」的問題怪在自己身上，其實是對自我的二度傷害。必須要了解的是，對於霸凌者與被霸凌者的形成，觀察相關現象，其中一個我認為是最重要的原因：

霸凌者必須藉由貶低、傷害被霸凌者，感受到自己是好的、優秀的。也就是說，霸凌者將自己的不滿、痛苦以及自卑等，投射到被霸凌者身上，藉此奪回自信與生活具有控制感的能力。

因為，當一個人能夠影響、傷害另一個人時，會感受到「權力」，而這權力可以讓自我感覺良好、獲得滿足。

所以，在求學生涯，有些霸凌現象出現在看似強勢與弱勢的人身上，卻也有看似在某方面突出，例如學業或其他表現的學生，會遭受霸凌。

因此，對某些人來說，「霸凌」是一種不需靠自我努力，也不需覺察，更不用面對自己不如他人的羞愧感，藉由貶低與傷害對方，就可以獲得成就感與控制感的人際互動方法。

所以，當被霸凌者越容易覺得是自己的問題時，這個互動就會越牢不可破。

看到這裡，或許你我會浮現一個問題，那就是：「我們一般人，容易成為霸凌者嗎？」

因為，這麼說起來，要能夠如此傷害別人，應該是很沒有同理心的人才會做的吧？

但實際上，就我的觀察，霸凌還有一個在環境中很常出現的現象，那就是會把被霸凌者「物化」、「非人化」、「去人性」，甚至是貼上「非我族類」的標籤。

也就是說，霸凌者透過把被霸凌者當成「和我們不一樣的物品」，所以我不需對他產生同理心，也不用考慮他的感受與心情，只要能夠用他來滿足我的需求與慾望即可。

而，若被霸凌者越會考慮別人的感受、需求與評價，就越容易深陷在這個循環中，因為越可能相信霸凌者對其的貶低與攻擊，囫圇吞下之後，變成被霸凌者的世界。

當霸凌者與被霸凌者的世界如此運轉，或許是因為害怕霸凌者、考慮所在體制的結構、不想惹禍上身等……「旁觀者」沒有發聲，自然成為霸凌者的共犯。

讀著《瑪莉詠的遺書》，我不停想著，一個十三歲的少女，或許並非人生每個行為都可圈可點，但她做了什麼，值得被這樣對待？

不，沒有人該被這樣對待。

任何言語與行為的瑕疵、或是每個人的特殊性，不該成為我們傾盡全力、用來貶低傷害一個人的理由。

實際上，要成為霸凌者、被霸凌者或是旁觀者，其實是一件很容易的事情。我們需要去意識，需要提醒自己、甚至他人：

無論如何，沒有人該被這樣對待。不論他與你相不相同，是否被你喜歡。

誠懇盼望，藉由這本書，能讓更多人留意到「校園霸凌」對孩子的影響，不再出現如「瑪莉詠」、「葉永鋕」這樣令人心痛的故事。

端靠你我的努力。

目錄

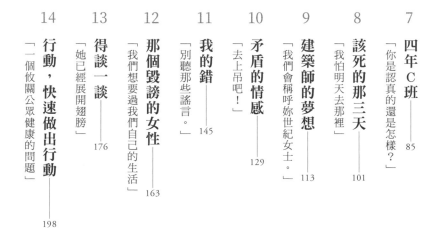

獻給瑪莉詠

瑪莉詠，我的女兒。二〇一三年二月十三日，十三歲的妳，在房間裡，用一條絲巾上吊自殺。

在上鋪床的下方，我們發現妳的手機綁在一條線上，同樣垂吊在半空中，象徵那些在學校裡以羞辱與恐嚇折磨妳的人就此斷絕往來。

我寫這本書，是為了要獻給妳，也是為了要說出，我對於一個妳不再與我和我們共同分享的未來，所懷有的憂傷。

我寫這本書，是為了讓每個人能夠從妳的死亡之中獲得教訓，讓為人父母者能夠避免自己的孩子成為像妳一樣的受害者，或是像那些讓妳茫然無措的劊子手，也是為了讓學校行政部門對於受苦的孩子能夠態度謹慎，並致力於傾聽那些孩子的心聲、關注他們。

我寫這本書，是為了讓校園霸凌現象能夠受到重視。

我寫這本書，是為了再也不要讓任何一個孩子想要吊起自己的手機，或是中止自己的人生。

1 二〇一三年二月十三日星期三
「被判無期徒刑」

房間裡，妳在上鋪的床上躺著。我摸摸妳的額頭，燒似乎已經退了。我說：「好像有好一點。」不，其實並沒有。

前一天，妳很早就從學校回來。奶奶在下午一點十五分左右去接妳。妳覺得疲倦，好像是感冒了，抱怨喉嚨痛。我建議妳去我們的房間，我和爸爸的房間，安靜休息，並且吃兩顆藥。到了晚上，妳的臉頰燙燙的，我又給了一顆藥。我們一家人一起吃完晚餐後，接著，妳便溜到床上去。當一個人不舒服的時候，就是這個樣子，沒有什麼好奇怪的。

隔天早上，妳來不及起床去上學。我打電話通知學校妳身體不舒服。差不多十一點的時候，妳下樓來，沒事一樣地吃午餐。話不多，就像平常起床時的樣子。我永遠忘不了妳的眼神，還有那一天身上穿的黑色上衣。從妳的表情完全看不出妳所經歷的事情。當父母愛自己的孩子時總是天真，缺乏想像力。

星期三是我的休假日，我照顧你們三個人。十三歲的妳認為自己必須想辦法照顧自己，而我也這麼想，畢竟還有九歲的妹妹克萊依絲，以及剛滿一歲半的弟弟巴提斯特。家裡垃圾得要進行分類回收，我也要把幾件妳們穿不下的衣服拿到札莉亞家去，對於擁有四個小孩的她來說，這非常實用。我到房間告訴妳，我要出門去辦這些事，很快就會回來。

房間一片幽暗。妳睡在床上。我嘆著氣拉開窗簾，要妳別待在黑暗裡。眼前的妳看起來很累，眼睛幾乎睜不開。我把電話拿給妳，有問題的時候打給我。出門前，我鎖上屋子大門，對於小偷入侵行竊的恐懼，莫名地閃過心頭。當媽媽的人總會有將事情往壞處想的詭異習慣，那無非是為了驅除心中的焦慮。她們怕車禍、怕生病、怕與竊賊來個正面相對。可是那些都還不是最糟的事。她們怎麼能想得到比最糟更壞的事，又怎麼能想到這種從世界的荒謬中而生，迫使妳離開世界的痛苦呢？

這一天，二〇一三年二月十三日星期三，比最糟更壞的事突然到來。我按照預定計畫，先處理分類垃圾，再到距離十分鐘路程的札莉亞家去。札莉亞和孩子們正好在吃午餐，所以她便順手替妳弟弟和妹妹各添了副碗盤。我們閒話家常，我跟她聊起臉書的危害，以及手機的全面侵襲。妳的門號光是在一月就有三千通的簡訊。至今仍令我吃驚。

突然之間，我想起獨自躺在床上的妳；想起九個月前，我們看見妳緊握手機，神情激動不安，所以硬是要妳把密碼告訴我們，結果看見那些可怕的簡訊。這一刻，我覺得需要談談，確認一切是否安好。萬一妳從上鋪掉下來怎麼辦？在浴室滑倒怎麼辦？妳手機沒接，家裡電話也沒接。

我開始慌了。當我帶著弟弟妹妹衝進車裡時，時間還不到下午一點。我心裡起了一種不好的預感。我一邊開車，一邊發狂似地撥電話。到了家門前面，我把兩個小的留在未熄火的車子裡便往門口跑。幸好大門跟我出門時一樣，是鎖住的。我一進門，便繼續打電話給妳，應答的依然是沉默。

我匆匆上樓。妳不在浴室裡。房門關著，有東西擋住了門。我以為是妳縮著身體坐在門後，阻止我進入妳的地盤。我使力一推，發現擋著門的，是書桌和椅子。這幾秒鐘就像永恆那麼久。我又推了一下，順勢將椅子推開……然後，我看見了妳。

我淚流滿面地呼喊，同時緊緊抓著妳，想稍稍把身體托高，讓絲巾不要勒住妳的脖子。可是不行，真的不行，我沒辦法把妳放下來。我在浴室裡找到了一把剪刀。當我剪斷這條讓妳窒息的絲巾時，整個人摔了下來。我打耳光，想叫醒妳。我感覺妳還有意識，於是做起口對口人工呼吸。接著，我趕緊打電話叫緊急救護。救護員說他們正朝著馬西的方向前進。不對，是沃格里納斯，我大叫、我流淚、我哭得透不過氣來。我照著電視上說的，做了心臟按摩。妳吐了，我得讓妳側躺一會兒，再重新開始。按摩，再一次、再一次。醒醒啊，瑪莉詠，快醒醒啊，我求求妳了。

弟弟和妹妹都還在未熄火的車子上。消防員找不到路。按摩、按摩、按摩。快，快通知爸爸，他還在上班。快告訴他，家裡出大事了，要他回來。

一個消防員出現了。他命令我離開還有把我們的狗瓦尼娜帶走。我打電話給我的家人、親戚，和我最好的朋友。札莉亞因為擔心，所以前來查看。她讓巴提斯特到她那裡去，而我的另一個朋友米莉安接走了克萊依絲。我妹妹解釋：「瑪莉詠昏倒了。」警察來了。市長也在場。

我痛罵起自己，罵得簡直喘不過氣來。我真不該把妳一個人留在家裡；我真不該去札莉亞家；我真不該讓她擺上克萊依絲與巴提斯特的碗盤。我真不該和她聊天。我應該把妳抱在懷裡，哄哄妳、搖搖妳，讓陰暗思緒一飛而散。

罪惡感緊緊地將我包圍。為何我要出門？為何我要把妳留下來？為何我什麼都看不見？為何妳什麼都沒告訴我？為何是妳，為何是我，為何是我們？

爸爸回來了。下午兩點半的時候，他們宣告妳已經離開。「有找到遺書嗎？」沒有，沒有，警察回答。我們震驚，我們恍惚，彷彿那條將我們與現實連結的線突然斷了。這一定只是一場噩夢，一部會將我們吞沒的那種爛電影。一些朋友過來陪伴我們，給我們吃東西、幫我們洗衣服，讓我們繼續漂浮在這種昏沉的狀態之中；而這種狀態，在我們過去的生活與從這一天開始的生活之間，形成某種可笑的安慰。緩慢的生活。憂傷的千瘡百孔的生活。沒有妳的生活。

四個人的生活。待重建的生活。當然了，我們試著要給克萊依絲與巴提斯特美好、有尊嚴的生活，然而卻是沒有瑪莉詠妳的生活。

沒有妳的生活，我們就像被判了無期徒刑。

2

令人頭暈眼花的問題

「妳是我的血肉，我卻無能為力」

妳的死，是個讓我們茫然的謎團。妳從來不曾抱怨不快樂、傷心、疲憊，也不曾提起結束生命這種瘋狂的需求。妳是真的想結束生命嗎？只不過是想要暫停自己的生命一段時間、幾個小時而已。在那個午後，我們是那麼想的。妳喊停，並且希望我能夠回來拯救妳。綁了這條絲巾，心想它會斷掉。那是一場意外、一時失去理智。妳並沒有決定像這樣連聲再見都沒有地轉身就走，並且絕不回頭。

瑪莉詠，妳很好，記住，妳很好。是那麼迷人、溫柔、勤學認真、很好照顧。十天前，我和爸爸還為了有妳這樣的女兒而慶幸萬分！

那一天，是情人節前夕。這個明顯的事實撕裂了我們的心：妳死於失戀，對，肯定是這樣，可是瑪莉詠，真的是這樣嗎？羅曼跟妳分手，所以妳認為不如死了比較好……我們在十三歲的時候，都認為看見了男孩眼中的永恆。

但妳不是，瑪莉詠，妳不是。沒有那麼笨。羅曼的態度一定很惡劣。他一定是將無以名狀的恐懼加之於妳，否則妳也不會想要結束生命。要是他的作法溫和體貼的話，妳就會放下，重新開始人生新的一頁。妳總是愛得太多，這是真的。那一天，我們恨他。

十一日星期一，妳對我談起了他。希望他在朋友面前，能夠表達出多一點的感情、對妳的態度能夠更親暱一點。我試著安慰：「瑪莉詠啊，我的瑪莉詠，他愛妳，可是呢，男人在一群朋友面前，都會變成原始人。」就像是我們唱的那首札姬（Zazie）的歌，〈我是一個人〉中的歌詞[2]一樣。我們倆都笑了出來。「別擔心，一切都會沒事，把妳的感覺告訴他吧。不過提醒妳，當妳和朋友在一起時，幾個女生還不是都會笑笑鬧鬧的，只有的時候忘了而已。而他也一樣，和他的死黨在一起時，就是會吹牛和耍酷。但是當妳們倆人獨處時，兩個人又是不同的樣子。」我堅持：「就是這樣。以前就都是這樣，以後也都會是這樣。」二月十一日的我，是這麼想的。

個頭已經比我高的妳，滿臉淚水地躺在我的懷裡。「媽媽謝謝妳，我覺得好多了。」又說：「哭出來就好多了。」那一晚，我想像不到妳有多麼痛苦。

在妳過世幾小時之後，我突然憶起這段對話，心頭彷彿遭到沉重一擊。情人節的前夕，這個一想到自己不再是四年級[3]某個男同學眼中的

2——〈我是一個人〉（Je suis un homme），歌詞當中有一段：我是一個人、是原始人；我是隻猴子或是隻魚。在地上、在各個季節裡，我原地踏步、原地踏步。

3——法國中學四年級，對應台灣學制為八年級（國中二年級）。

公主，因此驚慌不安的小女孩，拒絕活在妳的夢境之外。這真是荒謬得可怕。

我們又問警察，妳有沒有留下遺書。他們要我們放心，說要是有任何消息，會第一個通知我們。他們帶走了妳的電腦，還有手機。有人建議我們可以尋求心理協助。是要協助我們什麼？

我們相當清楚，現在當務之急，就是找出能夠告訴我們真相的字詞；判斷是什麼樣的痛苦帶走十三歲的妳，我的女兒。當晚，渴求線索、焦急難耐的我們，在妳收拾整齊的房間裡，像肆無忌憚的小偷一樣地翻箱倒櫃。

在妳的舊手提包裡，我們找到了一把鑰匙，以及那把應該是學校置物櫃的掛鎖，似乎從我在去年十二月送妳新手提包之後，就再也沒用過這只手提包了。裡頭裝了滿滿的東西，全都依照習慣仔細歸類。文具包、筆記本，每樣東西都擺放定位。我們無意中發現了妳的聯絡簿，有兩本。

我和爸爸拿起來看。怎麼會有兩本聯絡簿呢？我們激動地打開了第一本。是我們都看過的那一本；是自從原有的聯絡簿不見了之後，妳拿給我們簽名的那一本。也就是一位模範學生。總之，就是沒有什麼問題、沒有惹什麼麻煩的學生的聯絡簿。

接著，我們像怕燙了手般抓起另一本。那是在一月的時候，對我們說不見了的那一本。所以，妳撒了謊。

我們摒住呼吸，準備翻看那些不想讓我們知道的教師評語。從十二月開始，老師寫下了妳行為的改變，令人困擾的多話、多次無理由的遲到——其中還包括下課休息時間。在簽名欄上，妳模仿了爸爸的簽名。但通常簽名的人是我。

我還記得妳跟我說聯絡簿不見了那一天。那是去年十一月，如果不是十一月，就是十二月的時候。我們到處找了又找。彷彿回到當時，我看見自己嘴裡不斷地重複著：「不可能會不見，我們會找到的。」而妳擔心地說：「要是我找不到的話，我會被罵……」「一本聯絡簿要多少錢呢？」

「大概是兩歐元吧。」「既然是自己弄丟的，那就用自己的錢買一本。」我還得簽一份文件，聲明妳遺失了聯絡簿。「謝謝妳讓我再買一本啊。」我並沒有懷疑些什麼。因為我自己也很會掉東西。

那一本新的、假的聯絡簿，在二月十一日那天，也就是妳過世前兩天，我們才在上頭簽過名。裡頭有一張校長給全體家長的話：「上顆時間孩子在走廊上逗留，不進教室。」上課的「課」還寫錯了。我問妳是不是也像這樣在走廊上逗留。妳低聲說：「沒有，我才沒有呢。」妳應該把這張紙夾進藏起來不給我們看，但是我和爸爸正揪心看著的這一本聯絡簿。這本以孩子氣的筆跡，寫下「瑪莉詠將會因此遭到處罰」的聯絡簿。

老師在這份成績單上，不斷寫下嚴厲的評語——就從一月十七日開始，也就是妳過世前的一個月：「瑪莉詠的手機響了。」二十二日：「這個月，瑪莉詠已經無故遲到了三次。她得罰寫一份關於遵守規則的作文，於一月二十五日交到學生輔導處。」二月一日，妳過世前十二天：「最近瑪莉詠的表現退步：經常愛講話、甚至在課堂上講粗話。煩請提醒她上課時應有的良好舉止。謝謝。」

遲到、愛講話、作業未交……怎麼會在幾個星期內就累積這麼多的提醒，還有十幾則嚴厲的批評，卻沒有人通知我們？他們大可以透過電話、簡訊、電子郵件告知、甚至可以警告我們。而妳，我的乖女兒，為什麼要這麼胡鬧、為什麼要這麼神祕？是把我們當成傻子、老古板、無理解能力的敵人嗎？還是怕我們生氣、責備妳、會嚴厲地懲罰妳，或者不再愛妳？在怕什麼，怕到躲藏在一本充滿謊言的聯絡簿背後？

某種怒氣，在我的心中生起。我抱怨、怪罪妳。怎麼可以這樣對待我們，欺騙我們，寧願死也不願意面對事實？那就對了，瑪莉詠，為了不要向我們揭露妳遭遇的真實情況，所以選擇離開，是不是？難道妳真的以為我們在童年與青春期的時候，一直都是個好榜樣嗎？認為我們沒辦法原諒妳嗎？我們並沒有那麼嚴格，妳也知道我什麼都會告訴妳，而妳也總是把生活鉅細靡遺地說給我聽。那麼，是為什麼呢？

這些疑問，當我和爸爸無能為力地垂著手，強迫自己承認其實妳過著雙面生活的時候，（或者更正確地說，住在一個我們所不知，仔細掩藏的第四空間裡）在我的腦海裡不停迴旋，就如同該死的旋轉木馬一般。

可是四年級生活明明有個好的開始。妳被編在四年C班，西班牙文加強組。學期成績表現優異。十二月時，在親師座談會的那一晚，當我一聽到妳這個西班牙文的初學者竟然拿到滿分的時候，還高興地哭了。當我和老師結束面談之後，妳在電話中問我：「媽媽，妳替我感到驕傲嗎？」是啊，我替妳感到驕傲。

學校校長對妳滿是讚美。他說妳是個好學生，認真勤勉，上課表現也討人喜歡：「她超棒的，是我們最好的學生之一，我們可都要指望她了，要是我們學校有更多像她這樣的學生就好了……」同學有的時候會叫妳「書呆子」。在秩序不怎麼好的班級裡，那是一種侮辱。然後，妳戀愛了。這兩個月以來，究竟發生了什麼事？確實有的時候神情悲傷。就像一個青春期的孩子懷疑著自己與別人的感情，沒有什麼大不了。

在難忍的胃痛當中，我們度過了第一個沒有妳的夜晚，伴隨的是這個折磨人的疑惑：如果這麼痛苦，為什麼不尋求我們的安慰？

我在因為憂傷而一團混亂的腦袋裡，細數著妳那麼做的動機。覺得面對我們的眼光讓妳太有罪惡感。擔心讓我們失望。或者，我們為人父母的太失敗了，不配或者也無能聽妳傾訴。在這種情況底下，我們會有這種結論，完全可以想像。也許我們是一對會給人罪惡感的父母、對孩子來說要求過高的父母、活在自己的世界裡，在意給外界的形象多過於自己孩子個性的父母？

過世的當晚，我們接到警察問妳手機密碼的電話。他們想要對妳的手機內容進行分析。他們還表明，對於妳為何做出那樣的舉動，只要他們一獲得初步的解釋，就會立刻讓我們知道。

那個下午，差不多三點的時候，我們到米莉安家去把這個可怕的消息告訴妹妹。我們走到屋子另一頭的遊戲間去找她。我開不了口。爸爸溫柔地彎下身子對克萊依絲說：「我們有事情得告訴妳。瑪莉詠不是昏倒。她死了。」妹妹睜大了眼，放聲尖叫。後來好幾個月當中，她的眼睛就像這樣一直睜著大大的。

爸爸緊緊地把她抱在懷裡。兩個人一起哭。接著，爸爸輕聲說：「妳還在，是我們的小女兒。」頃刻間，她的身分，就從妹妹轉變為長女。她還想要在米莉安家玩，所以我們晚一點再過去接她。我們也到札莉亞家接巴提斯特。我們堅持那麼做，因為我們一家四個人，必須緊緊地互相依偎。

隔天一早，克萊依絲想要一如往常地去上學。可是在出發到學校之前，米莉安到我們家來提醒我們：「別送她去。」

她手上拿著當天的《巴黎人》日報。頭版談論的是瑪莉詠。是的，我的女兒，是妳。內文指出，妳與另一個離開人世的孩子一樣，都是校園霸凌的受害者：「兩名十三歲的青少年決定採取行動。」他們這麼寫。還有占據整面頭版的斗大標題：「中學生在校遭霸凌，走上自殺一途。」這篇文章的作者提到妳留下的一封信，信中詳述了遭到的侮辱，也列舉出欺負妳的人是誰。

我們震驚得無法動彈。妳揭發了誰？他們做了什麼？別人在信中發現了什麼？為什麼這封信會落在一個《巴黎人》日報記者的手中？

我和爸爸試著聯絡報紙編輯，卻一直聯絡不上。最後，我們留話給那篇文章的署名記者，但是她從來沒回電給我們。那一天沒有，接下來的日子裡也沒有。

只是，妳的舉動突然都說得通了。我腦中又再次出現一個念頭告訴我，我為了讓妳重拾生命所進行的努力，已經化為泡影。妳已經把妳手機吊起。手機裡傳出的那一首歌（一直都是同一首），令人心煩。當救護員把我從妳的身體拉開時，我並沒有真正認真聽那一首歌。但是，我看到那支受詛咒的手機。在長線的一端吊著的那支手機，不停地重複播放那首雷鬼音樂。妳在音樂聲中結束自己的生命，可在那之前，讓妳的手機永遠沒了聲音。侮辱、霸凌，一切都是從這支手機開始的。這是犯罪的武器。妳象徵性地毀滅了它。

是的，妳的舉動突然都說得通了。憤怒占據了我們的心，而一陣恐怖的浪潮淹沒、吞噬了我們。他們讓妳痛苦到吊起手機，並且寧願選擇離開，這實在太醜惡、太令人難以忍受了。而那些在「喬─莫內德布里舒佛居」中學的大人，那些對妳有責任的大人，竟然什麼都沒說，也沒做些什麼事，好讓妳能夠避免受到那種對待。

但是偏偏我信任他們，告訴他們，妳抱怨在那個秩序很差的班級裡，沒辦法好好念書。我有三次想約校長見面，但是他一直都沒答應。我還打過好幾次電話給他，向他說明我們希望幫妳換班級。然而，對於我的請求，他的回應不是沉默，就是態度輕蔑。

是的，所以那一天，在看《巴黎人》日報時發現那一篇宣稱妳是校園霸凌受害者的文章之後，我怨恨這個對妳的苦痛無動於衷的校長。我恨學校裡所有不曉得對妳伸出援手，不曉得聽我們說話，不曉得解讀妳的焦慮，不曉得傾聽我們的擔憂的人。我恨所有自陷在一種有罪的鴕鳥政治的人。

盛怒之下，我撥了學校電話，語氣冷峻地通知校長：「我是瑪莉詠的媽媽，請收拾她的東西，我們會過去拿。任何模型、任何屬於我女兒的物品，我全部都要拿走。我不要讓瑪莉詠有任何東西留在貴校，我也不要與您再有任何接觸。」

因為妳的死亡而處於驚嚇狀態之中的我，想要避開任何與他見面的機會，因為我猜他會困窘地道歉或是表達哀悼，這會讓我難以忍受。事實上，我很快就觀察出他本人也不想與我們有任何的聯繫。可是我不懂他的想法，而且一直都不懂。

3

妳寫給霸凌者的信

「就算我的心臟不再跳動」

十四日星期四那天一大早，爸爸在一名女性朋友的陪同之下，到學校去拿妳留在教室裡的東西。學生輔導處裡，妳的書包已經準備好了，幾名記者也已在現場守候多時。爸爸隱約瞥見了校長的身影。副校長問爸爸清不清楚細節、有沒有看過那封信、知不知道寫了哪些人的名字。簡而言之，就是想要問出我們知道了什麼，同時也忘了對我們說在這個時刻所需要聽到的安慰與支持。他的身旁稍遠處，有一位女士在攝影機前說話。不過爸爸並沒有特別注意。

在看過《巴黎人》日報的那天早上，我們打電話給警察確認那封信存在與否。妳留下一封信，卻沒有人告訴我們？更令人氣憤的是，我們竟然還是還是透過媒體才知道。在電話中，警察尷尬地承認，很遺憾，有人走漏了風聲。當天下午差不多五點的時候，隊長親自登門為這件事向我們道歉，並且保證會針對消息洩漏的源頭，進行一場內部調查。他將妳留下的一封信交給我們。這封信的收件人是學校，妳還寫上了學號：320。

信封裡放了兩張信。這是第一張，內容無比溫和與悲傷。當中的錯字，我一字未改。

給四年C班與其他所有的人。如果妳們收到這封信，那就表示我已經不在這個世界上了。我想為我所造成的痛苦或隨便什麼的而道歉。我知道自己不應該說那些話，可是說都以經說了。雖然妳們每個人都很棒，可是在這整件事當中，已經太過分了：「假面人」、「沒朋友的」、「妳回來時，我們就會回（毀）了妳」、「可笑的傻蛋」、「臭婊子」、「蠢賤人」……好吧，我之前沒辦法說出心中所有想說的話，可是我現在說了，就算我的心臟不再跳動……我的人生以經很糟糕，但是沒有人能瞭解。妳們最好的朋友羞辱妳們、忽視妳們，責怪妳們……克羅依[4]，我很抱欠。我從來沒把妳當成用完就丟的工具人，對我來說，妳曾經就像我的姊妹一樣。克羅依，我愛妳，就算今天妳沒有對我付出相同的情感。

妳在這張信紙上面畫了兩顆小小的愛心，還有一顆被槓掉的愛心，以及一個憂鬱的表情圖。妳接著寫：

4——編按：所有學生的名字都經過更改。

達米安，你是個很棒的男生，可是在需要的時候，你沒有幫我、支持我。我想讓你知道，你只是讓事情變得更嚴重而已。茱麗亞，我當妳是朋友，可是妳用盡一切辦法讓克羅依不理我，妳對我的態度很惡劣，要是我死了，有一部分是妳的錯。梅莉絲，妳人很好，可是拜託妳不要在上課的時候突然大喊「她這人怎麼這麼爛」。Ps.我想向一些很棒的人道謝。謝謝他們愛原本的我，而不是愛並不是我的我：迪倫、蘿拉、保羅、馬西姆、依蓮絲、摩根、亞尼、班尼、馬蒂達、雷雅等等……還有一個在這個世界上，沒有人比我更愛他，又名奇異果和小狗狗（又畫了兩顆心）的人。那個人自己看了就知道我說的是他。永別了……不在人世，也永遠不會忘記你們的瑪莉詠（抱歉讓淚水落在信紙上）……

這張信的底下，妳畫了一張小女孩的臉。這張臉看起來跟妳很像。想必畫的就是自己。沉默的嘴、劉海、整齊垂下的頭髮，還有兩隻因為希望、因為困惑，或者因為恐懼，而睜得圓圓的眼睛。

當我讀信時，有種想吐的感覺。「我之前沒辦法說出心中所有想說的話，可是我現在說了，就算我的心臟不再跳動……」我的瑪莉詠啊，淚水幾乎讓我無法呼吸。

同樣給學校的信。第二張信的內容也一樣恐怖。「我與你們最好的回憶。」妳寫下這樣的標題，可是卻只是白紙一張，什麼都沒有。

我又再一次生氣了。妳竟然為了這些笨蛋自殺，就因為一個女生不愛妳，說妳是「婊子」、「沒朋友」，還有「可笑的傻蛋」，這些學生之間流行的侮辱話語。可是瑪莉詠，那都是微不足道的小事！而且妳還請求原諒。我可憐的寶貝，原諒什麼？誰的原諒？妳，這個世界上最善良的女孩，竟然請求原諒。

還寫下這句話：「抱歉讓淚水落在信紙上」。幾個月之後，就算到了今天，一想起這個句子，我仍然不可置信，並且全身發抖。

妳的信，我們又讀過了兩次、三次，這段期間又加上聯絡簿的事情、我在網路上所找到的片段資訊，以及別人對我東說一點，西說一點的瑣碎小事，這一切全部摻雜混成一團。我得要準備葬禮。媒體也開始追著我們跑。

控制不了整個局面；我情緒混亂，焦頭爛額，忙碌不已，以致無法理解究竟發生了什麼事。我很快就發現妳的故事是一張拼圖。我告訴自己：我必須去尋找、一定要找到才行。

整件事應該是從十二月起開始失控。我又想到了：光是一月，妳的手機收費明細裡就有三千封簡訊的費用。三千封！確實我們一天會通好幾次的電話，可是這與簡訊沒什麼關係。三千封簡訊，那麼，有多少是在回應那些辱罵、批評、毀謗呢？我想起這陣子以來，我經常打電話卻聯絡不到妳。我又想起在二月的那個夜晚，確切來說是四號那天，我到小學接克萊依絲再到保母家接巴提斯特之後，一如往常地在大約六點四十五分回到家。當我到家後，妳反常地沒有從房間下樓。我連續叫了好幾次之後，妳才現身。當時，妳神情怪異地緊握著手機。

我要妳把手機給我，還有密碼。有人將我會認定為淫穢的訊息還有其他提及瘀青、藥物、打架等難以理解的訊息，傳送給妳。說到淫穢，有一則簡訊尤其驚人：「傳一張妳的照片，讓我打手槍。」妳跟我說，那是妳的男朋友羅曼。後來，我才知道其實那是別的男同學傳的。「媽媽，別擔心，只是寫寫而已！」我生氣了：「這種內容，怎麼會是寫寫而已？妳知道這些文字背後隱藏的是某種可恥、下流的東西嗎？」這種事情，一個十三歲女孩的媽媽沒辦法不當一回事，懂嗎？當晚，我偷偷拿走妳的手機，然後看見了羅曼傳給妳的溫柔簡訊：「我很想妳，我愛妳。」妳也不甘示弱地回覆：「親愛的，我愛你，超過八小時之後，我們就會見面了……」於是我放心多了。

在二月十四日這天晚上，這些回憶、這些問題、無邊無際的痛苦，在我的腦海中不停地打轉。有人打電話通知我，學務副主任接受了電視台訪問。我們透過網路觀看。爸爸認出她來。他驚叫：「啊！這不是當我去收拾瑪莉詠的東西時，和記者談話的那位女士嗎！」她在攝影機前也表明妳被班上同學當成出氣筒：「有些孩子對她並不是太好，有可能因此對她說了傷人的話。目前聽到的說法是這樣。我想我們後續會知道更多。」

在學校的時候，她可是連一秒鐘都沒想過要跟爸爸打招呼，和他說說話，向我們表達哀悼之意，順帶告知我們，她會在電視訪問談妳的事，更沒有想到需要徵求我們的同意。她甚至在未獲得我們允許之下，洩露了妳的名字。

隔天早上，也就是二月十五日星期五，我們到警察局接受警察訊問。我全身顫抖地問：「你們確定她沒有被強暴嗎？」雖然妳已死去，不會再發生比這更慘的事情了，但是當我一想到妳有可能被毆打、身體受到侵害，心裡便驚恐萬分。

警察將我們夫妻分別帶開，並詢問我們許多問題，比如說：我們是誰？妳是什麼樣的人？我們與妳的關係如何？還有一些為了瞭解我們的性格所提出的基本問題。因為驚魂未定，所以我已經有點忘了是什麼問題。接著，他們分別問我們妳有沒有臉書帳戶？後來，我們才明白他們為何而問。我回答：「就我所知，沒有。」

訊問過後，警察想知道我們是否會提告。我們給了肯定的答覆。我們會控告名字在信上的那些學生、學校以及隨著調查進展，我們發現對瑪莉詠的死多少要負起責任的人。

我和爸爸在回家的路上，討論這些事情。接著，我們問起自己：「萬一妳有臉書帳戶呢？」在國一的時候，曾問我能不能申請臉書帳戶。我說妳才十二歲，不行。在死前的一個半月，妳又不死心地問：「大家都有臉書帳戶，只有我沒有。大家都在網路上閒晃，只有我不是。」我聽了很生氣：「妳在網路上閒晃要做什麼？」當時是晚上七點，我正在幫妳弟弟妹妹洗澡我嘆了口氣，說：「瑪莉詠，妳聽著，把國中念完。到了高一的時候，我們會設新的規則，那個時候妳也已經十四歲，就可以申請臉書帳戶了。」

妳房間裡的那台電腦無法連線。可是我們真的能夠確認妳沒有申請臉書帳戶嗎？畢竟，我們什麼都不知道。我們是如此心煩意亂。

我立刻上臉書查找。我用了妳的名字「瑪莉詠・菲斯」搜尋，結果除了一些同名同姓的人之外，沒有找到任何帳戶像是妳的。

我從妳的手提包裡，找到學年日誌，妳在上頭記下考試日期等事項。日誌的第一頁寫著姓名、電話號碼，以及電子信箱。我開了電腦，試著用不同的密碼摸索著，結果其中一個正確。我打開妳的電子信箱，立即看見這些訊息：「您有臉書通知。」

於是，我就這樣找到妳的帳戶。妳以「瑪詠菲斯」這個假名示人，而申請日期就在十二月七日，也就是再度要求我讓妳申請帳戶的一個月之前！妳一定是覺得有罪惡感，所以想要獲得我們的許可，好讓自己心安。

我發現妳封鎖了我。應該也封鎖了妳的小舅舅。在那段時間之中，整個家族只有我們兩人有臉書帳戶。

封鎖了我們，不讓我們造訪的那個帳戶，收到了一些無關緊要的訊息之外，也有恐怖的訊息，像是：「要把妳揍扁。」這到底怎麼回事？

我也看見一些句子的片段，就是從臉書動態通知中可以讀到的留言片段。只不過當我要點進去閱讀時，發現那些留言已經被刪除，這讓我感到震撼。倘若他們在妳死後隔天認為需要刪除那些文字，那不就表示他們有什麼地方做錯了，對吧？

於是，我思忖著。那些截斷句子的後續文字並不難想像。就算他們刪除了那些留言。「本頁內容已經遭到刪除。」我們還是可以猜想得到，句子起頭的辱罵與結尾之間，不會是寫著讚美吧？我們很會猜吧。只是讓我心痛的是我無法確切地知道：是想像，想到每一次妳的手機震動時，會有什麼樣的心情、是不能幫到妳、是我現在只能光靠這些愚蠢的通知確定了什麼。

我開始花好幾個星期、好幾個月的時間扮演偵探。用好幾個月的時間研究妳生活中我所不知道的部分，與刺激妳失去理智的東西。

然而，首先我打電話給警察，告訴他們這個消息。與我們所知的情況相反，妳有臉書帳戶。十二月七日那天申請的，和聯絡簿「不見了」的時間差不多。也跟妳愛上羅曼的時間點差不多。

羅曼，妳這個男朋友，在二月十五日那天傳了一則訊息給我。他曾試圖保護妳嗎？雖然他的名字沒列在霸凌者的名單上，難道他不是共犯嗎？我生他的氣，就像是我生他們所有人的氣，因為我還沒辦法獲得資訊，也沒辦法分出哪個人的責任輕重。

我保留他在晚間八點四十八分傳給我的簡訊：「晚安，不好意思打擾了。我只想向您們表達誠摯的悼念之意。羅曼。」我透過簡訊發出怒吼：

「是誰給你我的聯絡電話？」「我是向城裡的一個人要的。對方希望匿名。」「我要知道那個人是誰，不然的話，我會請警察調查，因為這不合法。沒有人有我的電話號碼。請盡快回覆。謝謝。」「是瑪蒂德。太太，對不起，我只是好意。」

我憤怒地寫：「請便。瑪莉詠已經死了。」這次，我真的相信他也參了一腳。至於妳從幼稚園時代就認識的這個瑪蒂德，在信中揭發的那群人當中是否有她呢？

可憐的羅曼，那天我對他的態度其實很不公平。

4

學校的沉默

「太太，日子還是要過」

必須為葬禮做準備，但我只能勉強與人討論這件事。記者敲門，試著想要瞭解發生什麼事。市長對大家下封口令：「不要說。」街坊間有傳言出現，一名長舌婦炫耀自己消息靈通。她說：沒有，完全沒有霸凌這件事，事情的起因與學校無關。

有人說那個婦人的先生，因為工作的關係可以調閱資料。於是，我去見她：「聽好了，要是您有重要的資訊，請交給警察。要是沒有的話，請您閉嘴！」後來，我又聽聞某些人散布消息說：「諾拉發火了。」我想就是因為這個關係吧。是的，瑪莉詠，我發火了。

因為媒體的關係，必須躲躲藏藏地辦妳的葬禮。為了不引起別人注意，我選擇晚上去殯儀館。那裡的空氣，時時漂浮著柔和的音樂。妳看起來很漂亮。有人要我替妳選衣服。我為妳戴上耳環，還有妳那寫著「Peace and Love（愛與和平）」的手環。和妳在一起，總是Peace and Love，這是一定的啊！

有一天，當在殯儀館時，有人通知我，我們家門口有記者在等。我們不得不隱瞞妳下葬的日期與時間，這真是太可怕，太可怕了！有太多的事情必須要處理：選擇棺木、決定花朵……幸好有爸爸在，因為我們根本不在乎什麼花的事，我們根本不想要在那裡。我們的腦中只有兩個疑問：「瑪莉詠，為什麼妳要這麼做？為什麼妳什麼都沒跟我們說？」而我呢，我就像個瘋子一樣地跟妳說話。我反覆不停地說：「瑪莉詠，妳什麼都有，妳什麼都有了，為什麼還要那麼做？」

我尋找線索，我翻找妳的東西，我逛遍了網路，我檢視妳朋友的帳戶，看看他們有沒有在某些專頁上寫了什麼。我和爸爸發現了一個為妳設立的專頁：「R. I. P.瑪莉詠．菲斯」，意思是「瑪莉詠．菲斯，願安息。」安息……裡頭有許多留言。有人寫著：「喔，現在人們來這裡哭，可是之前大家都把她當婊子看。」總之，我們看見了不為人知的那一面。一個妳班上的女生寫著：「我沒有任何的字眼可以表達我們對妳的態度是多麼愚蠢、荒唐。」所有留言，因為都是透過個人臉書帳戶留下，所以全部是具名留言。在那個專頁裡，沒有看見妳在信中指明的那些學生。事實上，所有人都知道。那個專頁被刪除了，但是我早已截圖，並且在二月十七日交給警方。

直到二月二十一日，葬禮舉行那天，朋友和家族親戚都來了。就只有這些人而已，沒有別人。沒有人打電話告訴我任何消息。沒有任何學生的家長、沒有任何一個老師、沒有任何一位學校的行政人員，打電話來問我葬禮舉行的日期與時間。

時間是早上十一點，地點在沃格里納斯教堂。我們在韋瓦第的音樂中進入教堂。接著，我們還聽了席琳．迪翁的音樂：「這個世界上，我只有妳能夠與我說愛；當我求援時，只有妳回應……如果失去妳，我就會因此而死，妳知道嗎？[5]」

在儀式進行過程，我們播放了照片；妳那聰明、開放、笑意盈盈的小臉蛋，這一切的幸福，全在我們的淚光中搖曳。我讀了自己為妳而寫的文章：〈妳，我的骨肉〉。文章摘錄如下：

「我親愛的孩子，既然妳成為我們的長女，請牽起我們的手，讓我們能夠有前進的力量。請給予我們超前自己的勇氣，讓我們能夠獲得妳比我們先得到的這種光明喜悅。」

接著，我以這個期盼作結：

「我的孩子，我們想念妳的現實存在與妳的笑容，然而，我們相

5——Celine Dion〈這世上只有你〉，專輯《無須等待》（Columbia, Epic, 2012），作詞：路克．普拉蒙頓（Luc Plamondon）

信，妳對我們的愛，會是永恆不朽的。」

接著，我們聽了塔爾的歌：「我們擁有做夢的權利，當我一擁有這種權利，便沒有什麼擋得住我。我創造了妳的存在，而妳的存在是如此強烈，以致我相信是真的[6]。」

接著，妹妹克萊依絲念了兩篇摘自新約內容偏艱澀的章節，再以這個句子做為結論：「我們照樣也相信，那些已經在耶穌裡睡了的人，神也必將他們與耶穌一同帶來。於是，我們將會和主永遠同在。所以，你們當用這些話彼此勸慰。」我最好的朋友，可可則是從聖修伯里的《小王子》當中選了一段文字。我的弟弟薩朗說了這個優美的句子：「妳背著風的翅膀，出發旅行，前往唯有靈魂方知路徑之地。」

我們從妳的棺木後方走出教堂。妳很喜歡的歌手愛黛兒不斷地重複唱著：「有時，愛會長久，然而有時，長久的卻是痛苦」。這首歌是〈Someone Like You〉。對我來說，這句話意思是：「沒有人像妳一樣。」我們接著到墓地。每個人都擺上一朵白色的花。

爺爺奶奶、我們的朋友、所有的親友都親自前來見證，陪妳一程。他們人都很棒。然而，妳的同班同學、學校老師、家長委員、督學或者學校行政人員，沒有任何人出席。當然，因為媒體的關係，我們沒有特別宣傳葬禮，可是要打聽到相關消息，其實一點都不難。

他們沒來，是因為他們不想來，也或許是因為受到勸阻。

他們沒有任何人打過電話給我。他們，就和其他人一樣，沒有在我的信箱裡留下隻字片語。從妳過世隔天，我們立刻就有種討人厭的感覺。難道我們不能期待一點人性與一點善意嗎？

老師們的沉默、缺席，究竟是為什麼呢？我曾經這樣推斷：也許與

6——Tal，〈做夢的權利〉（Le Droit de Rever），選自同名專輯（Warner Music France, 2012）,Christine Roy-Christophe Emion/Laura Marciano-Simon Caby。

他們的升遷有關？

二月十四日星期四那天，當消息傳開來的時候，學校啟動了心理輔導諮商小組。某些孩子說過，當他們談到要對我們家表達祝福之時，校長便出言反對：「不行，不行，別和他們聯絡，他們還沒有準備好。」一個媽媽想透過學校送花給我們。她的兒子不以為然地說：「不用麻煩了。校長把花都丟了。」

所以那天早上，我對校長的態度當然會很冷淡。我想要把他從我的腦海中抹去，就如同我想要抹去人生中最近發生的所有一切。我們當然也在星期五提告。在這段期間，沒有人出面或者有所表示。之後，他解釋自己在事情發生之後，便應我們的要求，沒有與我們聯絡。可是，我過了幾個月後才知道，二月十三日星期三，也就是妳過世當天晚上，他發了一封電子郵件給整個教學團隊，把所發生的事情告訴他們，同時還不忘勸告大家：「別和家屬有任何聯繫。感謝。」這封郵件應該是接到我電話，引發公眾反應前寫的。

這份文件，我還是許久後才發現。也就是說，我沒有從學校方面得到任何的安慰或陪伴。同情，並不包含在學校課程之內。

二月十九日，就在葬禮前兩天，我提筆寫了第一封給總統的信，並將副本給當時的教育部長，文森．貝永。信中，我又提起學務副主任接受電視訪問時，不僅膽敢在未經過我們的許可下，將妳的名字公諸於世，這是違法的。還進一步形容妳是一個害羞、保守、沒有朋友的好學生。她怎麼敢這麼說一位她不認識的十三歲女孩？怎麼敢擅自發表這些評論？又怎麼敢不先知會我們一聲她將要表達的言論內容？接著，我感覺到學校行政單位築起高牆。這也是我想讓總統與教育部長瞭解的事情。我也想讓大家都能夠清清楚楚知道，妳在信中指明的孩子，以及那些什麼都不想看見的大人，全都是罪魁禍首。

貝永先生，您的官員任由瑪莉詠被欺負、在課堂上被羞辱、被視為代罪羔羊卻不介入，完全沒有盡到他們的職責。他們在放任事情發生同時，也讓霸凌者有恃無恐地動手，並將她推往自殺的道路。所以，諸位先生，您們瞭解嗎，您們的代理人犯下嚴重的過失。他們沒有保護我們的女兒，那個笑容滿面、充滿活力的優秀學生。令人感嘆的是，當大家終於敢說出真話時，一些家庭聯絡我們、告訴我們，他們的孩子（在同校的其他班級）在校內也遭到霸凌。

這封信中，我提醒政府當局，我與校長和他的助理曾經就讓妳換班級這件事，進行過無數次的討論。「他們向我們保證，會採取必要的措施」以解決問題，還解釋因為人力的關係，他們無法替妳換班級。我又寫上這段話：「這就是悲哀的現實。瑪莉詠為此而死，而她的劊子手仍然若無其事地繼續他們的校園生活。」

我特別向他們表示，在二〇一三年十二月的親師座談會當中，我拜託妳的導師：「瑪莉詠透過簡訊告訴我，在班上因為一些問題很不開心，所以如果瑪莉詠的行為有任何偏差或是改變，請通知我。」我告訴他們，在翻查妳的房間時，我們找到了第二本聯絡簿。

「瑪莉詠儘管人在學校，但她似乎都會遲個二十五分鐘左右才進教室。我們從未接過任何電話通知。在那幾分鐘的時間內，她在學校裡做什麼？這所學校到底怎麼了，才會沒有人在意如此劇烈的行為改變？」

我再抄錄一段文字；這些文字恰巧反映了我們不停自問的問題。

「當一個妳信任的大人，任由妳受到侮辱、糟蹋；而妳的朋友也霸凌、騷擾，甚至在學校或者透過臉書威脅要揍死妳，學校方面卻沒有任何大人介入處理，能夠怎麼辦呢？瑪莉詠在信中說她的人生已經天翻地覆，卻沒有人瞭解。」

幸好妳留下了這一封信。若在死前，沒有將這些話語訴諸紙筆，那麼，我們就會傻傻地以為妳是因為小女孩的短暫戀愛而尋死。我們也就永遠什麼都不明白了。妳解釋了自己的舉動，讓它具有意義。既然「大人共同體」對校園霸凌寧可選擇視而不見、弱化或是放任，那麼，呼籲所有人重視校園霸凌所帶來的損害，讓妳的舉動獲得認可，便是我們的義務。

也就是因為如此，在這封信中，我堅持：

「我們請求您們接手處理這樁悲劇，並且盡您們的力量讓那些透過臉書或是在老師面前霸凌瑪莉詠的孩子……以保護孩童之名起訴，受到懲罰。」

是的，我們需要知道學校機構分擔我們的苦痛、肩負起他們自己的責任，支持我們、甚至在查探實情上，領先我們一步。但是他們採取防守的姿態，彷彿身為瑪莉詠父母的我們，是討人厭的傢伙、是敵人。他們沒送花圈給妳。我的孩子，就好像妳從來不曾是他們的一分子。

接下來幾個星期中，我收到一些證言。那些證言揭示學校機構在妳離開之後，做了什麼反省。他們似乎執著自我保護，以若無其事的模樣遮掩問題。我沒聽說他們讓學生關注霸凌的危險，教導他們衡量玩笑話的輕重、考量言語會殺人的嚴重。

不過有些家長告訴我，當他們擔心學校氛圍，並且試著提起瑪莉詠時，校長冷冷地要他們閉嘴：「你們什麼都不知道，那就別說不知道的事。」星期五，也就是妳過世兩天後，一位媽媽被叫去學校。校長藉口說她的女兒有自殺傾向，讓她簽署了一些文件，將女兒帶回去。

那位女士很訝異：「是與瑪莉詠的事情有關嗎？」校長反駁：「不，不是的，瑪莉詠的事件，原因出於她的家庭。」她得馬上找到另一間中學。於是，那個女孩突然之間，就必須由她的爸爸照顧，與媽媽分開。

瑪莉詠，妳明白了嗎？每個中學生，除了那些確切知道發生什麼事的人。他們在事發幾天後，腦中裝著這個說法「她是因為家人的關係而自殺，這件事就不要談，也別與他們聯絡」，外出度假去了。

一晚，我崩潰了。我再也無法忍受校方的沉默，於是打電話給妳的導師，其實是體育老師。在三月，葬禮過後幾週。晚餐後，我在九點半到十點之間打了那通電話。他的妻子接起，我轉給他聽。我解釋：「您好，我是瑪莉詠的媽媽。」他直截了當地回我：「您打電話給我做什麼？」

他沒有說：「您好，瑪莉詠媽媽。」他沒問我們過得好不好。他沒有慰問我。沒有。他只表明：「您打電話給我做什麼？」

我又重新說了一遍：「我是瑪莉詠的媽媽。就是那位過世的瑪莉詠．菲斯的媽媽。」彷彿剛才只是出了一點小差錯。

他也重複：「是的，太太，您打電話給我做什麼？」

「您不記得了嗎？十二月的時候，當您把瑪莉詠的成績報告單發給我時，我都感動得哭了。她是一個好學生。現在，我哭是因為她死了。」

他對我說：「嗯，可是太太，您不應該打電話給我。」

我不死心：「在她過世前一天發生了一些事情。當時您也在。她生前最後一堂課是您上的課。到底發生了什麼事？」

我並沒有任何確切的理由可以支持我這麼說，但是從臉書的私人訊息中，我感覺到在那堂課之中，一定發生了什麼事。有人在更衣間因為妳的胸部和穿著找麻煩。我想要知道。

他不斷重複說著我不應該打給他，藉此逃避問題，接著說出這個可怕的句子：「太太，生活還是要繼續。」

可是瑪莉詠，妳的生活就不能夠繼續下去。對我們來說，生活也永遠不再相同。我哭了出來：「我不懂！瑪莉詠跟我說過您人很好，也許您知道些什麼吧？」

他又繼續說：「不，太太，您不應該打電話給我。」

我使起性子：「您為那些在班級裡傷害瑪莉詠的人上課，難道不會覺得尷尬嗎？」他回答：「我別無選擇。他們要我繼續上，所以我就繼續上。」

我甚至不知道我們有沒有在掛上電話前說再見。

5

我們孤獨無依

「為什麼妳要找答案?」

面對學校默不作聲，我們明白，需要進行一場戰鬥才能得到真相。在妳的死亡之謎面前，我們感覺十分孤獨。沒錯，我們的身邊還有朋友、家人、警察的善意，尤其還有我們的律師，大衛·貝合。一位相當出色、性格極為謹慎的人，他總是不計自己的時間，努力奔忙，當我們需要他的時候，他隨時都在。

可是沒有人能夠做到，我們已經完成的那些刻苦精細的工作。為了完成那些工作，我們日復一日地詢問所有願意幫助我們的人，深入社交網路、追查所有能夠收入妳檔案的線索，直到寫下這本書。一個因為無聲自殺而過早中斷的十三歲小生命，對於想要解開妳的生命之謎的父母親，沒有人能夠替他們設身處地著想。

很快地，我也明白自己即將與眾人的敵意碰撞。或許我很偏執，可是當一片厚重的沉默落在妳行走的路上，令人怎能不偏執？毫無理由的自殺，總令人心煩。可是妳留下這封信，死去的人明確指認出該負責任之人的自殺，相形之下，更加令人心煩，更何況死去的那個人只是個孩子。

不然，我們被迫面對那些幾乎是憎惡的反應又該如何解釋呢？在一個週日午後，我與兩個孩子、兄弟姊妹、甥姪一起打壁球。我遇到妳們學校的男同學。我當然和他們討論了起來：「你們有沒有關於瑪莉詠發生了什麼事的消息？和她同班，有沒有覺得瑪莉詠哪裡變得不一樣嗎？你們有沒有可以跟我說的事情？」他們回答：「沒有，沒有。我們都很想念她。」總之，我們只是在一起閒聊。

一位太太突然靠近過來。她先是跟我打了招呼，接著語氣激烈地說了一串話：「妳為什麼跟這些年輕人談話？」

「因為我需要知道。」

「為什麼妳要知道？為什麼妳硬要瞭解？」

我囁嚅：「因為，畢竟總是……」

她對我說：「妳又不是警察，不需要問別人問題。」接著，她又說了這一句話：「看來妳女兒什麼都沒跟妳說？」

我激動了起來：「有，有，她跟我說她想自殺，但我卻出門！」

隨後，我認為有替自己辯解的必要，於是說：「她當然什麼都沒說！當妳兒子放學回到家，往自己的房間走去，妳問他好不好，他回答還好，妳就不會想再多問了。妳的兒子一切都安好，所以妳想像不到那樣的事！」

我弟弟接話。他試著向她解釋我們的作法。「或許我們可以幫助其他的孩子，這也會是一種預防措施。」他以意外事故預防政策作類比。「路上多了減速丘、測速雷達、警察之後，交通事故死亡率就降低了。」

不少人在我背後嚼舌根：「諾拉變了。她很憤怒，而且問太多問題了。」我對於真相的追尋，讓他們心煩厭惡，如果我可以這麼說的話。某些人就只是擔心而已。他們不曉得檔案裡有什麼。那些妳在信中一一列舉的人，他們的姓名，我無權揭露，也沒有人有權能公開。我想，那些脫不了關係的學生，應該猜想著自己的名字是不是在妳揭露的名單上。二〇一三年九月，在妳過世半年之後，有一天，當我正替妹妹報名協會論壇時，結果克羅依的媽媽，她應該在那裡等著我，突然衝向我說：「我的女兒過得很不好。」

她並沒有向我表達過任何慰問之意。

我嘆了口氣說：「我的女兒已經死了。」

她不死心：「是的，可是我女兒過得很不好。」

「她可以去看精神科！」當我這句話才剛說完，克羅依便從一棵樹後方現身。

她媽媽解釋：「我女兒想知道她的名字有沒有在信裡面。」

我看著妳的朋友，前任朋友，對她說：「克羅依，妳有沒有傷害瑪莉詠？」

「沒有。」

「二月十二日那天發生什麼事？」

「我不記得了。」

「妳和瑪莉詠不再是朋友了嗎？」

她一聽到這個問題，整個人沉默了。我又以肯定的口氣重複：「妳跟她不再是朋友嗎？」

她確認：「不是。我和梅莉絲、茱麗亞和馬儂才是朋友。」瑪莉詠啊！這擺明了就是克羅依和所有找妳碴的女生是朋友。我總結：「好，嗯，OK……聽著，當著妳媽媽和我的面，看著我的眼睛，妳說什麼都不記得了，也沒找瑪莉詠麻煩，那妳怕什麼？」她的媽媽強調：「是的，她說的是真的！諾拉妳聽著，妳沒有任何理由擔心。」而我接著說：「喔，不過別再跟我說話，也別再接近我。」

她媽媽繼續說：「我女兒已經做了筆錄。我想要知道裡面寫了什麼？」

她希望我跟她說什麼呢？

我對她說：「我又不是律師。」她賴著不走，就是想要知道檔案裡有什麼。就算我想告訴她，我也沒有權力那麼做。於是我打發她走：「去警察局，找個律師吧，連我自己也沒辦法查閱檔案。」此時，她悄聲說了：「我女兒很怕妳。」

這真的好痛苦。瑪莉詠，妳就在我的心裡。我知道這個小女生拋棄了妳，讓妳痛苦，而我得保持平靜，聽她的媽媽責備我。我回嘴：「聽著，那是她的問題。」另一個人則是刺激我：「別人都在談論妳，說妳很有攻擊性，滿身怒火。」我凝視著她，說：「那好，讓他們繼續談論我吧。」

直到現在，在妳離世一年多以後，當我寫下這些文字時，我不禁問自己，在聽見那樣的言論時，如何做到不讓自己發狂。別人看待我的方式，就好像我是個犯人、罪人；彷彿我因為追究迫使妳說出「暫停，我不玩了」的理由，所以破壞了慣例。

難道我們連一丁點的關注、傾聽、耐心都不值得嗎？難道我們在探尋真相時，不值得陪同嗎？事實上，他們怨妳揭發同學。打破了沉默的法則。他們只是忘了妳已經以生命作為代價。

所有人都沒事！當有人將妳走了以後，第一次市議會會議中的細節告訴我時，這種基於退卻而生的共識，讓我重重受到打擊。議會裡，有人想著如何給予我們支持。在我們沃格里納斯村負責青少年議題的民意代表，恰巧是妳們學校的總務主任，她的住所離我們家只有三公里遠。我與她相處的算不錯，至少我是這麼想的。和她通過好幾次電話，在電話中，我拜託過她幫妳換班級。只是沒有成功。

那一晚在議會裡，這位總務主任舉起手：「我想要就瑪莉詠的事情發言。」接著她說……。她說的話我很難寫下來，因為她的提議傷了我的心。她鄭重地說：「我請求您們不要譴責學校。」

就這麼一句話，而這句話也傳進我的耳裡。我當然不會再去瑪莉詠的學校，可是我在小學看見一張張的臉在我靠近時擺出失望的表情。某些人不知道該如何和我們說話，就像二〇一三年六月時，當我帶著孩子參加一場舞蹈表演會時，那個主動坐在我身旁的婦人。她低聲地說：「嗯，我不知道該怎麼告訴妳……」我回答：「不需要，我很清楚。妳遠遠地對我微笑，或是對我點個頭、揮個手，就已經足夠。」有些人沒有任何言語表示，但是我們揣度得出他們所釋出的善意與同情。

我也可以一一列舉出那些向我們表達出無盡的體貼與慈愛的、溫柔的人，就像妳走後的那個二月假期，我們在一間民宿散心時，遇上的那位民宿主人。

在二〇一四年三月舉行的市政選舉中，我的得票數最低。我自己也不想當選。在我參加的一場公開會議裡，那群對我不友善的學生媽媽，其中一人找上我的朋友札莉亞：「妳得要告訴諾拉。自從那場悲劇發生後，整座村莊便一分為二。」

「怎麼說？什麼悲劇？」

「呃，是瑪莉詠的死。她不再跟我說話了。」

「她不再跟妳說話？妳找過她嗎？」

「沒有。」

「她住的地方離妳只有幾公尺，去找她啊。」

「不，不了，妳跟她說，我不會去她家找她說話。大部分的人都不理她了。」

好像做錯事的人是我呢。他們責怪我破壞了村莊的平靜之外，竟然還想要知道事情發生的真相，真是令人憤慨啊！

這股由旁人帶來，我們也猜想得到的憎惡浪潮，在我們四周激盪，並且強化了面對學校時我們所感受到的孤單。學校世界團結一致地與我們對抗，不過這是我們的感受，畢竟沒有人這麼表現出來。葬禮過後，我們想要拿回剛發給四年級學生的第一、第二學期（按：法國學制，一學年有三個學期）成績報告。我們想要確認這份成績報告是否反映了妳的行為改變。辦公室宣稱要透過郵局寄出。我們對此並不認同，因為對於妳在一月與二月初的行為態度與成績表現，我們希望能得到解釋。

我尋求家長會長協助，希望她能替我們安排會面。她對我說：「我會安排的。」接著，我不曉得透過簡訊和電話糾纏了她多少次。有一天，她匆匆忙忙地接起電話，說：「我正在學校的大門前，準備帶孩子回家。」我趁機問她：「不如去找校長，跟他約個時間？」最後，我收到一封簡訊，說我會滿意：「九點半到愛福依拿回您們要的文件。」愛福依是大學區區長辦公處所在地。那裡很遠，也沒有人認識妳。於是，我們回覆不可能，我們不會去愛福依。學校開車五分鐘就到了，無論如何，就是要他們見我們。

那真是一場漫長的戰爭。我最近才知道校長寫信給學區，向他們表示我們要他親手把妳的成績報告單交給我們：「我有義務把成績報告單交給他們嗎？」

「我有義務把成績報告單交給他們嗎？」這句話聽起來，就好像我們是頭號敵人。是的，我們向某某某提告了。要是今天換做是他，他會怎麼做？要是這個校長別那麼膽小，更有尊嚴一點，就會接受我們的作法。他本該負起他的責任，哪怕是要跟那些應該能夠提出警告或是阻止妳急忙奔向死亡的人共同承擔也一樣。但是他沒有。「我有義務把成績報告單交給他們嗎？」他想知道是否獲得學區的許可。他想要讓自己有推卸責任的藉口。

他應該在妳死亡隔天，基於單純的人道理由接見我們，對我們，妳的父母，弟弟和妹妹加倍地付出關心，緩和我第一時間的情緒反應。

我們求助部長文森．貝永辦公室。先前這位部長還特地在葬禮舉行當天打電話來，相關部門也啟動了行政調查。就這個程度來看，他們似乎不完全被動，儘管事後我們感覺好像被牽著鼻子到處走。

在四月十五日，妳死後兩個月，多虧部長代表艾瑞克．德拔比爾，一份校園暴力報告的作者，因為他的調解，當然還有部長辦公室的要求，學校終於敞開了大門。我們也要求學務副主任（她在妳死後隔天，上了「法國三台」的節目表達看法）與導師必須在場。不過他們都沒出現。兩人連寫一些道歉或解釋的話給我們都沒有。

沒有人在校門口等我們。當我們一進到大廳，迎接我們的是一名督學與一名由副區長緊急派來的區長辦公室學生輔導負責人。校長人在二樓，就站在通往學校行政辦公室的天橋上。

副校長也在他的辦公室裡。妳的成績報告單就放在會議桌上。那兩位我和爸爸期待見到面的重要人物竟然缺席，這讓我們很訝異。我在將麥克風交給副區長之前，先一字一句地複述副主任在電視節目上所用的字詞，而她本人也未提出澄清：「學區監察部門證實瑪莉詠成了某些人的出氣筒」

我提醒他們，我曾經要求幫妳換班。他們給我的回答是不可能，但也沒有否認四年C班的惡劣氛圍。我詢問校長是否在妳死後看過檔案，他給我這個可怕的回答：「沒有，我不會去挖檔案。」我們拿到的成績報告中，校園生活部分拿了滿分。而在家庭聯絡簿裡，地球科學老師與公民教育老師揭露了妳自殺前三個星期出現的行為變化：多次無故遲到、上課說話、說髒話、作業未交……那滿分是怎麼來的？

我們還拿到一個盒子，裡頭裝的是十五個左右的學生為了懷念妳寫下的信。我問那些信是否都有署名。校長回嘴：「沒有，沒有寫任何名字！」

在四月十五日這天，他辦公室的門前，當他問我們學校老師是否可以「向瑪莉詠致敬」，考量調查正在進行中，我們拒絕了。在這天，其實最美好的敬意，就是「某些老師」的出席。不過已經太遲了。班導師連參加這場會議都嫌麻煩，還說想要「向瑪莉詠致敬」？

這兩個月以來，他們的態度讓我們太過失望。我們已經得到太多教訓。

因為我主動積極地發言，校長阻止我說話：「太太，您是要主導這場會談嗎？」我問他，管理學校網站的人員是誰。「您為何想知道？」我堅持：「我想知道誰是網站管理員？」是校長。

你們在西班牙文課堂中拍攝的影片，依然持續播放中。而妳是西班牙文課成績最好的學生。有許多鏡頭。這讓我好心痛。我需要解救妳脫離這個學校，就像是我還能夠救妳。我氣惱地說：「難道瑪莉詠死了，影片卻還一直播放，不會讓您覺得尷尬嗎？」校長回我：影片是在資訊系統裡，而且那也不關我的事。「您真好心。不過那是我女兒吧？」

妳的格子櫃裡還有待解的謎團。有一只起碼已經兩個月不用的舊手提袋。我們找到了這只袋子的掛鎖與鑰匙。怎麼會把學校的東西收在那裡面呢？我們推測的結論是，妳已經不用這個櫃子。但那又是為什麼？平常，是與妳所謂的好朋友，後來成為霸凌的主要加害者之一，克羅依共用那個櫃子。是別人要妳把櫃子裡的東西清出來嗎？還是更衣間的那塊區域，在那個我們都知道妳被欺負的地方，無權使用？

我問校長，二月十四日那天，學校還給我們的東西，是不是原本在櫃子裡？他回答：「是的，沒錯。」「您怎麼知道的？」「因為上頭有她的名字。」「啊，不對，不是所有的東西上面都有她的名字，像是蛋糕盤就沒有。」其實我們想知道是誰打開櫃子。是警察嗎？「不是，是和她共用櫃子的人。」

如此一來，我們永遠都不知道拿到的東西是不是篩選過的。如此一來，這個留在一只舊包包中的掛鎖，也成為我們永遠都解不開的謎，彷彿妳早已放棄。

校長訓斥我：「我知道妳找學生說話。我知道妳找老師說話。」我氣憤地回他：「我有行動往來的權利，直到找到相反的證明之前，我愛跟誰說話就跟誰說話！」

到最後，部長助理艾瑞克・德拔比爾訝異地說：「您一直沒向他們表示慰問？」校長不答。

6

一束紅玫瑰

「我不再穿洋裝」

每天早上，我都會到墓園去看妳。晚上還會再去一趟把蠟燭點上。每個星期五，我都會在那裡看見一束紅玫瑰。沒有留下名字，也沒留下其他什麼，就只有紅色玫瑰花而已。我自問是誰會把花擺在那兒給妳。不知道答案的我，心情覺得有點煩悶。

某個星期五的午餐時間，我在離開一個朋友家之後，無意識地把車子開上往墓園的路上。我無意識地右轉，而不是左轉。車子把我帶到了那兒。完全不假思索，妳明白嗎？

結果，我看見一個男人在墓前哭泣，而且幾乎哭得抽抽噎噎。真奇怪，這個男人竟然為妳而哭。妳對他做了什麼，讓他為妳哭成這樣？

我口氣不佳地朝他大喊：「你是誰？在這裡做什麼？」他緩緩地轉過身。我不認識他，可是我認得那張臉。他與他兒子長得像極了。他是羅曼的爸爸。

他自我介紹：「我是羅曼的爸爸。」「嗯，我看得出來。」我幾乎是怒火中燒！「您在這裡做什麼？您哭什麼？」他一臉絕望：「我很沮喪，我兒子也是。」他解釋說，自從瑪莉詠去世之後，他每天都來。「每個星期五下午，我會和羅曼來這裡送玫瑰花給瑪莉詠。」

他看我杵著不動，又是猶豫不決又半帶防備地不知道該如何反應，於是對我說：「要是我兒子做了什麼，我會把他交給您，由您處置。」不過他隨即說明：「不過羅曼跟我說過，他從沒傷害過瑪莉詠。要是他與您女兒的死有關聯的話，我會讓他接受司法審判。」他接著為了無法在我們面前露臉而道歉：「我沒有找您們，沒有與您們聯絡，是因為學校叫我們不要這麼做。我們打電話給學校，每一次學校都給我們這樣的說詞。」他還說，有其他家長像他一樣，希望與我們聯絡，向我們傳達他們的支持，可是遭到校方阻止，要他們打消念頭。

妳知道嗎？在我寫下這些文字的時候，這位爸爸還是時常去看妳，而且每一次都駐足許久。有一天，他甚至感嘆：「不管你們相不相信，對我來說，她就是我已經離世的媳婦！」我的瑪莉詠，妳想像得到這些人還是這麼愛妳嗎？羅曼也依舊在每個星期五送妳紅玫瑰。

在二〇一四年的春天，他們家也決定提出民事訴訟。羅曼的人生變得亂七八糟。他遭到毆打，也沒有人跟他說話。某些人說妳是因為他才自殺。他被迫轉學，就讀另一所學校。他的祖父母就住在那座城市。羅曼每個星期會住在那裡兩晚。不過他還是留在同一個市鎮，所以還是會遇上欺負瑪莉詠的那些人。這件事，在一個十三歲男孩心上留下的傷痕難以撫平。

他才剛念完一個學年。妳走了以後，他很傷心，讓他的父母因此焦急得要命。他們提醒學校：「請多注意羅曼，要是他發生了什麼事，請通知我們。」事實上，沒有人留意羅曼的一舉一動。接著，一些奇怪的事情發生了。例如，他告訴父母，有一天他被叫去醫護室。一個女孩才剛割腕。叫羅曼過去的那個校護，要那個女孩拉起袖子，把血淋淋的手臂給他看。他簡直嚇壞了。沒有人知道為什麼那個校護會在未獲得家長許可的狀況下這麼做。有人說是應那個年輕女孩的要求。羅曼的父母對這件事反應很大。他們到行政辦公室去抗議：「為什麼你們要這麼做？是要讓他有罪惡感嗎？」

另一天，羅曼有早上九點的課，大概在十一點左右，學校打電話給羅曼的父母，告訴他們羅曼缺席。羅曼沒有接電話。他的父母驚慌地到處找他。大概到了中午左右，學校又打電話給他們：「沒事，我們找到您們的兒子了。校護要他陪一名學生到醫護室去，卻忘了通知我們。因為他沒接電話，所以我們以為他缺席。」

羅曼的父母請求見校方。他們想盡辦法要與學校約時間，也終於達成這個目的，但是我想那次約會在前一天遭到取消，而且學校也沒有再和他們另外約時間。他們寄出的信件則是從來沒有得到回應。最後他們寄了一封信到大學區區長辦公室；信中，他們說明基於安全理由，將讓兒子離開這所中學，並且請求區長能夠受理，讓他們能夠轉學。然而，在大學區區長辦公室裡，面對羅曼父親的陳述，行政處還希望試著淡化這件事的重要性。因此羅曼的父母只好請假照顧他，並且一起到鄉下散心。當他們回到家後，收到一封學校寄來的信，要求他們為羅曼六月份的缺席提出說明。

可是這一切，在我遇見他父親時都還不知情。對於羅曼的事情，我很肯定。你們兩人相愛，總之，就是像十三歲的孩子那樣相愛。並不一定是一生一世，不過在這個年齡，我們還不懂所謂的一生一世。或是已經知道……現在我發現了訊息留言，也破解臉書與手機裡的訊息內容，我瞭解有一部分的妳，在妳的祕密花園，小小私人空間之中，暗自成長。

我以為很瞭解妳。看吧，溫和多情與孩子感情親密的母親偶爾也會有後知後覺的時候。

我看著妳長成了一個少女。可是也長出了翅膀。當發現自己陷入成人叢林的變態遊戲之中，妳並沒有呼叫爸爸媽媽救妳。在成長中的小小青少年所擁有的傲氣，與害怕讓我們失望的稚氣恐懼之間，過於孤單地承受折磨。

我怪罪羅曼留給妳這樣的孤單。我並不確定他需不需為妳的絕望負責，就像其他妳在信中寫下的人一樣。

在妳去世後一個月，我依然如墮五里霧中。十二月底時，妳告訴我，妳和羅曼在一起。我們總是無所不談。不過我現在才明白，其實只是「幾乎」無所不談。妳不怕和我聊男朋友，可是妳卻對那些刁難、侮辱、辱罵略去不說，彷彿不想讓我們蒙塵，彷彿那些只該在網路的平行世界裡蓬勃發展。

妳跟我說他很棒，跟其他人不一樣。他具備所有優點：優雅，很喜歡時尚流行，這點不錯。他「超帥」。他確實是個高雅的漂亮男孩，而在事情發生之後，我也感覺到他的個性非常纖細，而且就跟妳一樣靦腆。妳不斷告訴我：「羅曼和其他人比起來很不一樣。」這讓妳非常開心。妳也是，覺得自己和其他人不一樣。你們在人海中找到彼此。

只要遇見家裡哪個親戚，就會把手機拿到他面前：「你看，這是羅曼。」我們的早餐、中餐、晚餐時間，全都讓羅曼占據了，也因此而開懷大笑。

是啊，妳瘋了，喜歡他喜歡得瘋了。一月二日星期三，我帶妳去麥當勞。你們約好要在那裡一起吃午餐。對我來說，那不成問題。我總是嘮叨地說：「從妳不做蠢事，成績不退步開始，就沒什麼好擔心。」我是這麼想的，對小孩限制越多，他們就越會做出蠢事來。

以前愛過一個男生，而且是用妳的方式全心全意地愛。在小學四年級時有個小男朋友。他是五年級的學生。隔年，他離開學校去念國中。當妳知道他和另一個女孩在一起，非常傷心。我感覺對妳而言，理想的情侶，就是雙方能夠長久不分開。「當我們遇見某個人，那會是一輩子的事。」有些情侶確實有這樣的本質。或許妳夢想著一種與表姊相似的命運：在國二還是國三的時候遇見她的先生，十五年過後，兩人還是在一起。

妳活在地獄裡，可是還是會為了羅曼，而不是其他人，到學校上課。他向我吐露過心事，說妳有時候會告訴他：「我會到學校，經常都是為了你。」

所有妳們互傳的愛的訊息，總是沒停過。在下午四點到晚上七點之間，妳和羅曼總是把時間花在互傳訊息上，就像是實際對話一般。一場不間斷的對話。你們倆個性都很害羞，但只要是關於文字書寫方面的話，就能放得開。

可惜，妳和其他人的溝通交流就不愉快多了。二月十三日的前一天，為了不讓羅曼因為妳的關係，讓其他人對他有意見，因此向羅曼提出分手。妳傳給他一則悲傷不已的簡訊：「我們倆必須到此為止，不然的話，他們也會傷害你。」

那一天，訊息從四面八方紛紛傳來。對妳來說，壓力已經到了極點。還有一個同學在訊息中警告，或者說恐嚇：「學校裡有許多關於妳的傳言。」然而，那個星期三，妳最後一則收到的訊息，是羅曼傳的簡訊。一封可怕的手機簡訊。他在十一點四十九分寫給妳：「從妳那張醜臉就看得出來。」

「妳那張醜臉」……怎麼可以這麼說那張漂亮的小臉蛋？寫這種東西給妳，真的是「男朋友」嗎？這一生中最後收到的訊息是這個？我不確定他還能配得上「朋友」這個頭銜。幾分鐘後，妳行動了。

這封手機簡訊，我後來才發現。事實上，妳們倆在妳死前的幾個小時當中，進行了大量對話。不過對於當時身邊的那些人，我有最糟糕的懷疑。所以妳明白為什麼我在墓園裡沒有對羅曼的父親展開雙臂了吧？

接著，我明白了。他的確不應該寫那些東西給妳，可是他想不到妳會自殺。我也檢查過了，他傳的訊息當中，有百分之九十五，內容是相當親切愉快的。也有一或兩則讓我挺不開心，不過不管什麼年紀，當我們戀愛時，不見得總是都會和對方和睦相處！

二月十三日的兩天之後，他是警察訊問的一小群學生之一。他證實妳是霸凌的受害者。他還說出兩到三個人的名字。他沒看過那封信，但是他指出同樣的人。此外，他與妳還用同樣的詞形容那些人。他說明這個女生對妳的態度很「惡劣」，而在遺書裡妳正是用了這個形容詞。

「妳對我的態度很惡劣，要是我死了，有一部分是妳的錯。」

羅曼幫助我瞭解某些重要的細節。在去世的兩個星期前，我帶妳去看我們的家庭醫生，還記得吧？妳瘦了，而且雙手變成藍色，無法彎折。我怕妳得了厭食症。有太多青少年怕胖了。醫生要我放心，他說妳沒食慾是因為戴牙套的關係。可是羅曼讓我知道，原來中午在學校餐廳，妳除了麵包之外，幾乎什麼都沒吃。整個童年期間，人家把妳當胖子看。為了治療呼吸道過敏所用的「可體松」讓妳食慾大增並且變胖。可是妳兩年前就已經停用，也減少了食慾。

在這幾個月的時間，他向我坦承其他的細節。起初他開不了口。他爸爸寫信跟我說，羅曼害怕被報復。不過他最後還是一點一滴告訴我。多虧他，我們才能知道在一月底的某一天，有兩、三個學生在走廊上欺負妳。他們脫了妳的鞋子，並且把鞋子「丟了出去」，他是這麼跟我說的。但是丟到哪裡，我不知道。妳光著腳，而大家對此竟然沒有任何反應。他還告訴我們，在拍班級合照的那一天，這群會霸凌妳的人又找麻煩。

我比總算稍能理解班級合照中妳為什麼會有那種表情：驚愕的臉上掛著一抹心神不寧的微笑。也因此，我才比較能夠明白那則寫給羅曼的簡訊。在我發現的那則簡訊中，妳對他說：「由於上一次發生的事情，我不會再穿裙子了。」兩、三個男生在拍照前，在操場上擋住妳的路，接著掀起裙子在屁股上亂摸。

妳穿裙子是因為照片主題的硬性規定：晚宴裝或是高雅正式的服裝，我已經不大清楚了。按照規定穿，結果在拍照之前，這些小混蛋竟然亂摸！妳是鹹豬手的受害者。結果後來，別人還把妳當成婊子對吧？

羅曼將這些暴行告訴他的爸爸，他的爸爸再轉告我。我嗆他：「問問您兒子有沒有試著救瑪莉詠吧。」可憐的孩子！妳的男朋友承認他們在走廊上脫妳鞋子之時，有試著阻擋，但裙子事件就沒有了。當時是在操場，有幾個男生掀了裙子摸屁股。他們絲毫不在乎妳的感受。好像是三個人吧。羅曼並沒有出手阻止。因為他會怕。也不見校監有任何動作。

他不敢見我。他就像我一樣，心裡有一股強烈的罪惡感。他怪自己沒有看見，無能救妳。他幾乎沒有辦法做筆錄。我與他的爸爸一直保持聯絡。透過這些對話，我逐漸發現羅曼跟我在心中，對妳，懷抱著幾乎相同的情感。我可以說，當他說起妳的時候，有時會跟我用一樣的形容詞或是表達方式。有一天，他的情緒很不好。他的爸爸打電話給我，請我打電話為他打氣。他爸媽都慌了，妳男朋友不接他們的電話。

當他看見來電顯示是我的號碼便接了電話。我喃喃地說：「當爸媽打電話給你的時候，你要接。你知道他們都很怕。」他回答我，他正在睡覺。我繼續說：「羅曼，你知道自己親眼看見發生了什麼事情吧？」「我知道。」他哭了起來，「為什麼瑪莉詠不跟家人說？」「什麼意思？她沒跟家人說？」「沒跟你、我，我們這些她的家人、我們這些愛她的人。」

可憐的羅曼。他接著對我說：「其他人是因為嫉妒心作祟，才會這樣欺負她。瑪莉詠太漂亮、太風趣了，而且也很聰明。她什麼都有，所以某些人就受不了。」他這麼理解這整件事，也和我的分析差不多。

他很難再交新的女朋友。曾經試著和一個女生交往，只不過兩人在一起的時間無法超過兩天。他有一天低聲對我說：「我沒辦法欺騙她。我呢，心裡有瑪莉詠。」當然，會過去的，他最終還是會再次墜入愛河。但是他也必須這樣，放過自己，妳懂嗎？

7

四年C班

「你是認真的還是怎樣？」

我們應該要將這學年的開學拍成一部搞笑電影。妳還記得嗎？當時我在場。二〇一二年七月，騎腳踏車出的那場車禍，導致妳開了刀，並且在脛骨上留下一道難看的疤痕。九月時，妳的腳還有幾天打著石膏，所以得要拄著枴杖走路。好吧，我不是唯一出現的媽媽。在開學那一天，其實有許多家長陪著孩子到學校。

編班與學生名單都貼在操場上。我還聽得見妳大喊：「啊，不要是他們啊！」進了班級教室拿功課表，並且進行開學的所有儀式。兩個小時之後，我去接送。妳抱怨：「班上亂得跟菜市場一樣。」

我們會想，那是因為開學一時的情緒亢奮而已。可是亂烘烘的狀態並沒有停止。沒有人聽課。每晚，妳都有事情跟我說：「啊，某個人被趕出教室」，或是「啊，某個人罵老師。」

每一天，當回到家便會打電話通知我妳已經安全回到家。接著就是沒停過的班上問題：「有個女生在上課時大聲聽音樂……有學生在上課時站起來……有人罵老師是蠢婦，然後把他的聯絡簿丟向老師……」總之，每天除了例行的吵鬧之外，一定會有事情發生。

妳對我說：「事實上，我們根本沒上課。老師會花十五到二十分鐘管秩序。接著就上一點點的課。在下課前的十五分鐘，大家就已經站起來，不停地吵鬧喧嘩。」我不知道是不是每堂課都這樣，但是每天一定都會這樣。每天，我強調，妳都有一樁事件告訴我。我想最吵鬧的狀態，應該是發生在上西班牙文課和數學課的時候，但是上公民教育課的時候發生得最為頻繁。我建議妳冷眼旁觀，可是在一個群體當中冷眼旁觀，實在太難、太複雜了。

我帶著某種擔憂，聽妳的心裡話。學校計畫在十月十二日開一場全體會議，我絕對不能錯過。在這場會議中，學校邀請社會各個階層的人士，以及校長、副校長、導師。這些校方的主事人員，向家長自我介紹。我們問了幾個一般性的問題。一小時後，家長跟著孩子的導師進入一間關起門的教室，而相關老師會到教室裡頭。

我到的時候，時間大概是晚上七點。在這間權充為會議室的學校餐廳裡，我立刻聽見家長在找位置坐下時的竊竊私語：「我的天啊，妳看見四年C班的狀況了嗎？」

我傳了封簡訊給妳：「我聽見一個媽媽在說四年C班的事，挺糟糕的。」教育顧問路齊尼女士完全同意。在全體會議之後，導師，妳的體育老師講述了班上的恐怖概況。大體來說，就是完全亂七八糟。他解釋，得依賴好學生讓班上有秩序，讓整個班級有凝聚力。他堅持沒有所謂的團體榮譽感。那個體育老師對於這方面無感。不，在這個班級，沒有團隊精神這種東西，而是某某某對抗某某某，某一組對抗某一組，善對抗惡，好對抗壞。有許多散漫的人破壞著融洽的氣氛。整個班級不來團結這一套，而他也沒辦法管理好秩序。

在開學五週之後，數學老師就表示你們的進度已經落後，班上學生不但根本不念書，愛講話、閒聊也干擾了授課。總之，這樣的狀態持續三個小時不斷，真令人受不了。大家逐一表示意見。大家試著理解。不過依照慣例，那些表達想法的人，都是用功、認真的學生家長。而最不守規矩的學生，他們的家長總是低調。

結束時，我留下來與導師討論。我還記得自己堅決要求：「要是有任何事情，請通知我。」我和他聊了十五分鐘之後才離開。在回家途中，瑪莉詠啊，我們倆聊個不停。在會議進行中，我也傳了好幾封簡訊，告訴妳會議在講什麼。

我建議順從導師的建議：「聽著，照他說的做，就是保持距離，要求同學安靜。」向來以自己的方式乖乖聽話的妳回答：「好吧，那就這麼做。」妳也與朋友討論。可是幾天後，心慌意亂地回到家，對我說：「媽媽，他們噓我。」我試著給妳打氣，說：「這是你們導師建議這麼做的。該由他來管秩序。」

當站在第一線，其他人便會拿妳開玩笑。妳在西班牙文課的表現相當優秀，因此老師經常點妳發言。由於她會拍攝大家在上現代語言課時所安排的角色扮演遊戲，所以妳在影片中露臉的次數很多。我要再說一次，妳在西班牙文進階班拿到滿分的成績，不是沒有理由。看，我一直還是不能相信。

鏡頭比別人多，啊，這就是別人在不告訴妳的情況下能夠責怪的地方。他們根本不把妳放在眼裡。所有在我們的眼中深具價值的東西，在這個班上變得不值錢。當讀書認真，就成了「書呆子」，或是換個說法：「笨小丑」，說的就是好學生。

星期三的時候，我會留在家裡，好照顧妳們三個小孩。十二月的時候，起碼有兩個星期三，我看見妳哭著從學校回家。當晚，有時會擺臉色給我們看。每一次，要班上同學安靜的時候，他們就會噓妳。他們嘲笑妳。妳告訴我，再也不管了。

我打了好幾次電話到學校去，要求他們採取行動。可是總機總是告訴我，校長與副校長不在，他們會再回電給我，可是他們並沒有。

我最後還是與校長通上電話。他要我別擔心，說事情會解決。於是，我請他幫妳換班級：「瑪莉詠很痛苦。」他回我，轉班是不可能的。我懇求他：「請您幫幫忙，她沒辦法念書，每天哭著回家，她的狀況不好。」可是他總是回答我：「事情會解決。」我不死心：「要是事情沒有解決，我請您替她換班級。」他閃躲：「會的，會的，我會讓您知道。」

因為妳的狀況不好，我又在電話裡再次提出這個請求：「不知道您明不明白，班上秩序最糟糕的課，就是公民教育課。在上公民教育這門課時，整個班級竟然最吵最亂，實在非常荒謬。」他承認公民教育老師太年輕，沒辦法控制學生。我不耐地回答：「又多了個藉口！您若不想重新建立秩序，就替瑪莉詠換班級。」他永遠不能宣稱對妳的痛苦不知情。負責國二學生的副校長也同樣知情。

其他老師也無法置身事外。班上的氣氛變得令人無法忍受。兩、三個學生被學校開除，可是隨即有人取代那幾個學生。他們的空椅子很快就有人坐上去。第三個學生受到紀律委員會的懲處，遭到暫時性開除。因為他將自己的聯絡簿往公民教育老師的臉上丟，接著跳出學校大門跑了。其實早在一年前的某個下午，他就和另一個學生上演過逃學記。學生輔導處似乎要求過妳們班不能將發生的事件公開。這名老師的不嚴格與班上籠罩的不安氛圍，令人相當反感，於是，妳害怕上她的課，因為那有點像是去受苦受難。

妳繼續在晚上的時候大吐苦水：「班上還是有人吵鬧喧嘩。校長到教室大聲罵人，某個女學生被永久退學……」受不了班上的氣氛，我看得出來妳很焦慮、不安。

在那個秋天，我還不知道當時妳已經飽受辱罵之苦。我瞭解妳這個人，總是把一切當作玩笑帶過。妳說，那些不喜歡的人，沒辦法傷害到妳。

我們住的地方，離妳的學校只有三公里遠。附近有兩個公車站，其中一個離我們家比較近。當我對妳不跟其他人一起在下一站搭公車表示訝異時，妳不以為然地對我說：「不要，我在我們家附近搭比較近，我也會覺得安心。」現在我明白了。我知道妳怕在下一站遇見愛麗斯，所以寧願一個人。

這就如同其他的細節，早該讓我心生警覺。有幾次，當我早上傳簡訊問妳班車上是坐在誰的旁邊：「有愛麗斯。我不跟這個蠢蛋說話。」妳認為這個女生不喜歡妳。她從幼稚園的時候就開始找麻煩。妳說：「我不在乎，我才不在意這個人呢。」

妳在學校裡還有幾個朋友，還有羅曼，進教室都是為了他。而他也是為了妳，他自己向我親口證實。妳們倆都一樣，都是去上學然後毫不耽擱直接回家。要是下午三點或四點的時候放學，妳會搭上第一班到站的公車離開，從不像其他人一樣，閒晃到五點才走。

妳把生活中發生的點滴小事說給我聽。「某個人笑我。」有時，是好笑的事情：「某個女生穿了高跟鞋，結果摔得狗吃屎，真的是超級亂來。」一些像這樣零散的小細節。現在，我發現妳那些無關緊要的閒聊，看似若無其事，卻充斥著潛在的訊息。

當一次、兩次、三次提起妳沒有 Longchamp 的包包時，我並沒有反應。我沒能衡量出那對妳代表的意義，在十三歲的時候沒有Longchamp包包，我並不覺得有什麼大不了。妳的人生並不會因此而失敗，我就是這麼回應。我一再對妳說：「重要的是好成績。不是有了一只Longchamp包包，數學就會拿九十分。」

我錯了。我領悟到在這個年紀，為了讓自己受歡迎，所以重要的是裝扮、形象總之，就是外表。而我以為是智商。

瑪莉詠啊，妳知道儘管如此，我還是沒有改變心意嗎？我還記得克萊依絲四年級的時候跟著天文班到大波爾文鎮。當時，我注意到有兩個年紀很小、身高差不多才一百公分的學生不是背著背包，而是帶著Longchamp的包包驕傲示人，還有一台iPad。不能在遊覽車上用小型電玩遊戲機打發時間，就用貨真價實的iPad吧。一旁的我們，當然相形失色。可是我們不會追隨這種狂熱。因為我們的教育理念並非如此。

有一天，我忍不住買下一只漂亮的黑色鉚釘包，就是妳喜歡的樣式。我把那只包包送給妳。隔天，回家時開心的不得了：「媽媽，有人跟我說，那是Vanessa Bruno的包包。誰是Vanessa Bruno啊？」我簡直嚇呆了。首先，那並不是Vanessa Bruno的包包。而別人突然間在意起妳，因為有這個時髦的東西。到底這些十二、三歲的女孩是活在哪個星球上啊？

聖誕節前，十二月七日左右，我去拿妳的成績報告。班導師接待每位家長，講解小孩的成績以及行為態度的評語。他告訴我，妳是一個好學生，是班上的佼佼者之一，而且表現優良。老師們只針對一項性格特質持保留態度，那就是他們說妳太愛講話了（我們母女倆都有同樣的特質）。

所以妳的平均總分數是８０分；學校生活是９０—９５分；西班牙文進階班是滿分；英語是８５—９０分；數學是６０—６５分。很不錯的結果。我向老師提到了班上的氣氛，還說妳遇上困難。因此他告訴我，班上有兩個學生即將離開學校。我向他提起了第三個學生；那個很會搗蛋，而且我從他幼稚園時代就認識他的學生。妳的導師反駁我，說那個孩子很聰明：「會對他進行特殊補救教學。我們會審慎注意。」

我開心地結束這場會面。對我而言，整體狀況已經受到控制。那些麻煩製造者即將離開學校。回家途中，我祝賀妳的好成績，「只有一件事要努力，那就是不要愛講話。」

愛講話是家族遺傳。所以我沒有什麼資格可以要求妳。一個好學生允許自己有個小缺點，要怎麼生他的氣呢？當一個人很認真很辛苦，就會想要這麼對自己說：「至少我有資格這麼做！」所以，上體育課的時候，也是導師的課，妳會開玩笑、閒聊、興趣缺缺地注意比賽進行。事實上，在打著石膏與復健的那段期間，妳是在體育場邊的階梯上看著同學上課。

根據我在成績報告發下來那天開設的臉書帳戶中發現，似乎那些好成績讓妳變得愉快有自信。我想像妳是這麼對自己說：「媽媽為我感到驕傲，爸爸很開心。我要走了，別人怎麼做、我就怎麼做，我試過了。」或許人生當中，會有某些我們想要跨越的階段。

我從妳和別人的臉書對話當中，看見有人批評外表。他們說妳沒有胸部，只要上體育課，他們就要在更衣間等著看。

在一月時開始上體育課。妳原本可以直接穿著運動服到學校上課，可是妳太愛漂亮了，不想整天都穿著運動服，所以得要去更衣間換衣服。

也就是在一月的時候，某個東西被打破了。那些嘲笑變得難以忍受。我們猜在十二月的時候，玩臉書還玩得挺開心。妳與人互通友好親切的訊息，發現一處新天地。可是第一次的警報已經響了，那是當被退學的那個男孩與那個女孩離開學校的時候。妳的一個好朋友寫給那個女孩，告訴她：「我們會想妳的。」

瑪莉詠啊，妳故意玩雙關語：從「棕髮時間到金髮時間[7]」都會想念。這是一種女孩子之間的玩笑話，可是有一個男生語帶威脅地回應：「反正妳只不過是一個婊子。」

我看見妳將隱私設定改為不公開，之後寫給那個男生：「為什麼你說我是婊子？我對你做了什麼嗎？你是認真的還是怎樣？」

從此，那成為妳口中不斷反覆出現的咒語。每當遭受侮辱，或是受到嚴重傷害，妳就會回以這個驚愕、不安的句子：「你是認真的還是怎樣？」

那天說妳是婊子的男生回答：「只是開玩笑而已。」可是妳笑不出來。妳賭氣地寫：「那你別像這樣說我是婊子。」

那是十二月中的事情。隨後起班上的次數少了，事情也稍見平息。妳與羅曼在一起。有一段時間當中，妳們倆繞著彼此轉。聖誕假期中，互傳許多訊息。一月二日，為了妳和他第一次正式約會，我載妳到麥當勞。妳們倆在那裡共度了兩、三個小時。走出麥當勞的時候，整個人充滿歡喜。

妳告訴我，克羅依，妳所謂的朋友之一，不喜歡看到妳和羅曼在一起。她像在要脅妳：「他或是我。」我還記得妳把心力都放在男朋友身上。

妳事事順利，成績很好，交了男朋友。結果某些女生的嫉妒心逐漸膨脹。這一次，就與那些被退學的學生無關，也與妳並不特別欣賞的人無關。

這一次，是妳喜歡的人：是同一國的男生、女生朋友：是很喜歡妳的朋友。我想這讓世界起了翻天覆地的變化。透過我看得到的臉書訊

7——編註：La minute brune:Brune為一家廣告公司名。其一則宣傳廣告當中，畫面上有一金髮接線生與一棕髮接線生。當電話響起，金髮接線生接起電話，當她聽見對方說：「喂，是棕色（brune有棕色、棕髮之意）嗎？」立刻回答：「喔，不是」便掛斷電話。La minute blonde是一法國節目，女主持人的形象為無腦金髮美女。

息，雖然各種各樣的訊息都有，但是我們還是猜想得到腐敗的氣氛、不安全感，以及逐漸扼住妳的焦慮。

8

該死的那三天

「我怕明天去那裡」

我的偏執，是重建那些接連發生，直到選擇終結一切的事件。我想要理解那些帶妳走向不歸路的一連串麻煩事。妳知道我的感覺是什麼嗎？可悲計謀的浪潮讓妳狼狽倒下，接著捲走，讓妳逐漸窒息，再將斷了氣的妳扔回沙灘。

那些我們有辦法搜集到的片段資訊，實在很難按照順序排列。對於一種毫無理性的集體惡意的敘述，我也很難在其中梳理出邏輯。似乎在這所學校的走廊上，沒有理由的惡毒言行正是一種實際現象。我猜想其他地方一定也一樣。相同的、沒有約束的暴力，或許，一定，存在於所有的教育機構。我不懂孩子為何要互相辱罵。這樂趣到底在哪裡？

我不懂為什麼要放任他們為所欲為。到底，對成人來說，讓小孩子踩在自己的頭頂上有什麼意義？所有學監、那些老師，是不是耳朵都塞了耳塞，什麼都不想聽見？還是懶惰、冷漠或者無力，讓他們面對太過分的小子只能手腳痙攣？沒錯，我承認我不懂。

可是妳的故事，有一個面向我倒是完全能夠理解。在不得已的情況下當上了代罪羔羊。在這個社會上，人們尋找著出氣筒，而被當成出氣筒的男女，就成了集體焦慮、衝撞某事，在這種情況下，是衝撞某個人的需求、群體苦惱的發洩出口。在沒有警告標示、沒有障礙、沒有禁忌的情況下，我們就會凌遲那個我們決定指責的人，因為他不一樣太好看或太醜、太聰明或太蠢、太胖或太瘦、太高或太矮、或是膚色不同。我的女兒啊，妳就是太漂亮、太聰明、太有好學生的樣子。

我對妳的崇拜，一定會令人笑。可是，我發誓，那是真的。妳有一頭漂亮的秀髮、燦爛的微笑、幽默感。男生因為妳與眾不同，所以感興趣。他們喜歡妳這種自然、單純、不矯揉造作的女生。

妳是男生會喜歡的型。一個媽媽私下告訴我，她的兒子拉法菲爾暗戀妳。在妳死後，他還流了許多眼淚。雖然葬禮時她人沒到，不過她在不久之後傳一封簡訊給我，並且在某個星期天的時候打電話給我。她解釋，兩個孩子在班上的座位很近，所以他幾乎每個晚上都會告訴她關於瑪莉詠的一件小事。

這位太太跟我說，這一學年對拉法菲爾來說也很不好過。他曾經放學回家的時候，臉色蒼白，神情頹喪。妳過世的前一天，在離開學校之前去找他。低聲對他說：「你也和其他人想的一樣嗎？」他在困窘之下，躡嚅說：「妳在說什麼?什麼其他人啊？」這是妳與他的最後一次對話。

必須仔仔細細地回溯，二〇一三年二月十一、十二、十三，這三天。

瑪莉詠啊，想要透過這些我所搜集的片段資訊重新找到妳，真的不容易。如果要概述整個狀況，就是以下敘述：

一、妳很瘦，幾天之前，我帶妳去看醫生。醫生將妳的食慾不振歸咎於戴牙套。我不知道在學校餐廳根本不吃東西。妳沒跟醫生說這件事也沒跟我說。某個人講了難聽的話，說妳有大屁股，結果我的傻女孩，這麼纖瘦漂亮的妳，竟然信以為真。

二、一小群人在班上、走廊上、臉書上，還有透過簡訊欺負妳，而妳在這種蓄意的傷害當中跟跟蹌蹌。

三、妳以為為了要讓他們接受妳，就得想辦法像他們一樣。不再當班上的「書呆子」，一個很乖的好女孩。

所以十一日的時候，根據我的瞭解，妳發了一則臉書訊息，可是那則傳說中的訊息，不論在已經送出的訊息、臉書通知，或是在司法檔案裡，完全沒有任何痕跡。我從來就沒有找到其他人怪罪妳的那則訊息。

妳說一個女生是「可笑的小丑」，所以有人硬是冠上各種罵名，可是不對，妳應該是會保持低調的人。

反倒是後來，我發現與馬帝歐的幾段對話。這個男同學在妳死後，就再也沒進學校過，直到今天，我還是不明白為什麼。

四天之前，也就是二月七日星期四，妳們還一起說笑。或是沒有。其實並不是很明顯，也不算聊得真正開心，儘管妳拚命地用了好幾次的「mdr」意思是「笑死（mort de rire）」例如，馬帝歐說：「反正沒有人會相信妳，因為妳說的都是屁話，而妳就只不過是一個屁！！低頭吧！！！」。

而妳回應：「OKOK，笑死（mdr），我也很蠢，也為此而自豪。當我跟你說話的時候，你得要低下頭！！！你一無是處，沒有人喜歡，不過你可要保持樂觀……笑死（mdr）。」

星期六即將半夜之時，妳的心情十分低落。馬帝歐又傳了一則訊息：「瑪莉詠，妳還好嗎？」而妳回嘴：「為何這樣問？」

以下就是接下來的對話。我稍稍刪減一下：「不知耶……不過……還好嗎？」「不好，我很沮喪，我已經跟羅曼分手了，我的金魚也死了，我跟克羅依的關係也烏雲密布。」「喔喔喔瑪莉詠。」「別這樣，我是認真的。」「妳知道生命有高低起伏，最重要的是抬頭挺胸……」「啊，我現在幾乎是垂頭喪氣的。我還有真正的朋友和家人，可是我一直都想哭，這樣真的可以說『我根本只是一個屁』」「媽的，瑪莉詠，別這樣說，那不是真的，不是因為跟某個人吵架，就不再是那個人的朋友了，那都只是暫時的而已，只是一個必須度過的關卡；而要度過這個關卡，如果妳需要的話，還是有其他人可以幫妳忙！因為他們欣賞妳，而且他們也是有他們的理由。我不會讓妳說自己只不過是一個屁，因為那完完全全是錯的。」

接下來，妳便不再回應。

馬帝歐繼續傳訊息：「妳還在嗎？」隔天，星期日上午，他擔心傷害了妳，所以道歉。可憐的孩子。

這一切，我是過了好一段時間之後才知道。星期一晚上，妳崩潰了。和我說起羅曼的事，而我只是一直認為妳們吵架了，只是胡思亂想而已。事實上，妳的手機可以直接登入臉書。傳了那則神祕、遍尋不著的訊息。從這個時間點開始，收到許多的辱罵言語。有人警告妳，說會揍死妳，還說有人要「好好照顧妳」等等……

十二日當天，到學校。有人攻擊妳。有個男生向我坦承：「我們故意去煩瑪莉詠。」他就是其中一個罵妳「婊子」的人。他還說：「有很多人都說她是婊子。」當我問他十二日那天究竟發生了什麼事，他說出了自己的親眼所見：「有人在紅色大廳附近的更衣間堵她。」事實上是在櫃子附近。

另一名學生向自己的母親吐實。不知道是那一天還是另一天，有人用圓規刺妳的大腿。當我想像那個畫面，不禁毛骨悚然。平時妳謹慎到在圓規的尖頭上插一塊橡皮擦，確保不會意外刺傷別人，現在竟然被人用這種東西刺大腿？

接著，就在那個星期二，十二日，妳去上體育課。那天安排的課程內容是防火演習。那一群會霸凌妳的人，全聯合起來對付妳。在警報響起時，他們不斷地說「我們會把妳眼睛挖出來」、「我們會毀了妳」等等恐嚇話語。或許他們還打了妳。在臉書上寫下妳遭到侮辱。當晚，傳了這封訊息給一個女生朋友：「看看今天所發生的事情。我明天實在不敢去學校。」

接著，到操場去。那一小群人會罵妳。沒有人挺身而出。最好的朋友沒有出聲挺妳。沒有人有任何動作。妳要求去醫務室。護士並不在。所以到學生輔導辦公室去訴苦，向他們說妳心悸、頭痛。種種細節，我是看了司法檔案才知道。因為，一直都沒有人告訴我。學校沒打電話給我。心悸並不是小事。況且，我曾經要求若有任何事件發生一定要通知我。

當天我唯一收到的訊息，是妳傳的。由於學校在名義上禁止使用手機，因此妳躲在廁所打電話給我。那裡也是當一個人在學校感覺被追殺時，唯一一個安全的庇護所。

妳跟我說：「我覺得不舒服，我要回家。」我永遠也不會忘記這些話。這些從妳口中說出，但是卻無法讓我知道事實上代表著沉重與苦悶的話。妳覺得不舒服，是一種委婉的說法！我的婆婆，也就是妳的奶奶開車到學校接妳。那時應該是下午一點半。

到家，就照著每天的習慣打電話給我：「媽媽，我到家了。」我要妳好好休息。不久，我打電話跟妳說我已經離開辦公室了。加上順道接兩個小的，大概要開一小時到一小時半的時間才會回到家。我在六點半的時候到家。妳人不舒服，說感覺喉嚨痛，倒不如說是活著的苦痛。忍受加在妳身上暴力的苦痛。

我後來才知道，當天下午，妳回家後，他們為了辱罵妳，接二連三地打電話給妳。只要妳掛斷電話，他們就再打。當妳想打給哪個人，那個人就不接電話。接著，他們又繼續打電話。要是妳沒接，他們就打室內電話。

原則上，手機不能帶進教室，那些人究竟為何能夠打給妳？他們是不是一支手機彼此傳來傳去？寶貝，那真是一個恐怖的午後。妳心裡害怕，而且很怕、很怕。感覺自己被人追捕，就像是一隻獵物在原野上走投無路。梅莉絲寫給妳：「我們會有好幾個人過去。我還會帶著我的家人，讓妳嗨個夠。」妳相信了，妳是那樣驚慌。

差不多晚上九點的時候，尤安警告妳：「學校裡有許多關於妳的謠言。」妳不安地回答：「嗯，我知道……尤安，他們是怎麼講我的？拜託妳告訴我。我是認真的。」

晚上十點左右，克羅依，妳從幼稚園就認識的前閨密，發布了這則動態：「瑪莉詠還有瑪蒂德，我們曾經說好要當一輩子的朋友，我的兩個天使啊，現在我們是永恆的朋友了。」說得就像是妳已經死了一樣。總之，我的理解就是如此。

這天，妳感受到了無法平息的孤獨。是啊，妳有羅曼，有我們（妳騙了我們？）。因為不讓我們知道這個臉書帳號和這本聯絡簿的存在，所以犯了錯。再也不能對我們無話不說了。

現在的十三歲孩子，比以前更需要同儕的認同。他們通常擁有父母的認同，並且認為理所當然。在他們眼中，最難贏得的是某個團體的歸屬感，以及進入他們喜歡的青少年所屬的神奇圈子。

眼下那個圈子是悲劇的、殘酷的，而且對妳的壓制越來越緊。原本應該有屏障功用的校方負責人員，沒有回應，沒有保護妳，也沒有提醒我們，妳的家長。就像是一個法外之地。這個提醒：「學校裡有許多關於妳的謠言。」還有那個將妳送進「永恆」的閨密，真是夠了。他們在背後說妳壞話、辱罵、打妳、在角落裡大伸鹹豬手……是的，真是夠了！怎麼能讓幾個人聯手折磨一個人呢？在大人與學校的冷眼旁觀之下，他們把妳趕出學校。他們任妳自生自滅。這對我來說，就像是他們謀殺了妳，對，謀殺。我永遠都不會原諒這件事！

妳所堅信的一切完全崩壞。妳的本質化作碎片。在死前三天，星期日的時候，妳寫給馬帝歐：「好了，我已經到谷底了。你們可以說我只是一個屁了。」馬帝歐是和妳要好的人之一。他無法承受妳的死。從那段時間後，他再也沒去過學校。我不知道他後來怎麼樣了。可是那一天，馬帝歐這麼回覆：「唉，別這麼說。」妳又說：「幸好我還有家人和幾個朋友。」

十三日那天，當我把妳獨自留在家之後，妳上網，並且在搜尋引擎上輸入「如何自殺」這幾個關鍵字。

9

建築師的夢想

「我們會稱呼妳世紀女士。」

我說過我們是怎麼生下妳的嗎？啊，當然說過。我和爸爸在這附近相遇。當時我住在馬西，爸爸呢，住在旁邊的帕萊索。我們的故事很簡單：我有一個十分要好的女生朋友，她的男朋友有一個死黨叫大衛，就是爸爸，所以我們當然會見到面。起初，我們只是一般互動往來而已。我二十一歲，在索城念法律系。爸爸二十五歲，已經是社會人士。

我有個相當美好的童年。我們家有兩個男孩和兩個女孩，雖然一文不名，可是在感情上與幽默感上是富足的。外公出身阿爾及利亞的卡比利亞地區，在阿爾及利亞戰爭結束之後，來到法國。他在他的家鄉是牧羊人，在他所住的村莊裡遇見外婆。

一開始，他獨自離鄉背井。在換過一次又一次的工作，他最終進入印刷廠。外婆後來與他會合，以居家保母為業安頓下來。於是我們家裡總是有一堆小孩子。就像是一間隨時歡迎來客的房子，一個氣氛友好熱烈的「咖啡之家」。我們會這麼說，是因為屋裡總是有人喝著咖啡。他們就在對法國與共和國價值的尊敬之中，撫養我們長大。

爸爸大衛只有一個小他九歲的弟弟。他們的爸爸是巴黎獨立運輸公司的人員，開B線的快速鐵路火車，後來是夜間火車。他們的媽媽則是某個戶政事務所主管。

我們墜入愛河。兩人在一起兩、三年後，在帕萊索安頓下來。過了兩年，我們決定在聖日耳曼勒阿帕瓊買一間公寓。雖然離巴黎有點遠，可是價格比較便宜。我放棄大學學業，到一間管理學校上課。法律系的環境並不適合我。

一九九八年八月十一日，日全蝕的那一天，妳在隆瑞莫出生。妳是一個乖巧、個性溫和的寶寶，很快就能安睡整晚。妳是一個天底下的媽媽都會夢想擁有的寶寶，乖乖吃飯、乖乖睡、愛笑、一歲時會走路，非常好帶。真是幸福啊！

很快就學會獨立。總是心情愉快的妳，非常愛去餐廳。在餐桌上非常有規矩，我們也以妳為傲。妳對餐廳感興趣。可以好好地坐上兩、三個小時。大家都稱讚妳。妳是我們的「陽光」，我們也經常這麼叫。當葬禮儀式舉行時，在教堂裡，聽著蕾哈娜唱著：「妳像流星劃過我眼前，那是迷藥的幻覺，當妳擁我入懷，我充滿了活力，我們就如天空中的鑽石。」我整個腦裡一直一直想著這些事。

不過大家特別愛叫另一個小名「瑪詠」。妳很小的時候，就叫自己「瑪詠」，大家也叫妳「美乃滋（Mayonnaise，與瑪詠發音相近）」。有些人則叫妳瑪莉詠奈兒。當我一想到這些時，總會想哭。那真是段安穩而溫柔的時光。

我和爸爸把公寓賣了，在沃格里納斯買下一塊地，蓋了這間屋子。是的，這間妳離開而我們不願意沒有妳，以四個人而非五個人的狀況下繼續生活的屋子。在我寫下這幾行字的同時，這間屋子正在求售。我們與克萊依絲、巴提斯特，即將在別的地方生活。築起一個新巢，嘗試建立全新的夢想。

克萊依絲在這裡出生。妳是那麼開心，可以說期待她的到來。當她一到我們家的時候，當然了，妳有點失望。一個寶寶，不會動，不會玩，反正就是個沒有什麼用的東西。所以當大家嘴裡喊著「啊！」或是「啊！她好可愛」時，妳只覺得訝異，不明白為什麼大家要在這個沒辦法做什麼大事的小人兒面前，讚嘆成這樣。有一天，妳向我怪罪起這個小寶寶：「妳跟我說我可以跟她玩，可是我不要！」

那時，妳四歲半。我們重視和妳共處的時間，讓妳不再嫉妒妹妹。所以我和爸爸會輪流帶妳做一些像是去看電影等等，小嬰兒沒辦法做的事情。我們也拜託朋友來看克萊依絲時，除了給小寶寶的出生賀禮之外，還能順便帶一些小玩意兒，給妳像是一支棒棒糖、一條編織幸運手環或什麼的。要是不這樣做的話，要一個小孩親眼看著別人送一大堆的禮物給新來的寶寶，真的很殘忍！

我們以前把妳交給一位保母帶，這段期間都很順利，沒有什麼問題。在幼稚園入學的前一年，我從一月就已經著手準備妳九月開學的東西。爸爸還笑我：「看這樣子，我想她懂了！」

開學當天，我陪著妳到幼稚園。這一天的情景，我一輩子都會記得。我帶妳進入教室。大部分的孩子都在哭。某些孩子還哭得跟淚人兒一樣。而妳呢，不但完全沒哭，臉上還掛著微笑。將整個場地和玩具占為己有之後，朝我走來，說了這麼一句：「媽媽，好了，妳可以走了！」我不敢相信妳竟然趕我走！

所有的媽媽都是焦慮製造機，我也自問為什麼妳不哭，並且為此頗為煩惱。不對，這不正常。妳一定是將心中的憂傷隱藏起來。從八點半到十一點半之間，我在街上徘徊同時，心裡隱約感覺不對勁。十一點，我就已經煩躁地在校門柵欄前等待了。

當妳一看見我，竟然生氣：「媽媽，為什麼來了？我應該要在學校吃午餐。」我解釋，不，妳不需要在學校吃午餐。但是妳堅持：「要，我要在學校吃午餐。」但最後還是失望地跟我回家。

在六個月中，我不斷地在妳面前叨念著上學的樂趣，結果這種樂趣已經結束了。可憐的瑪莉詠啊，這是妳學生生涯當中的第一次失望。問我：「我們晚一點還會再來嗎？」不，親愛的，今天不會了，但是明天我們會再來。「喔，好！」我馬上更正說詞：「啊，不對，明天是星期三。應該是後天……」

妳一直很喜歡學校，甚至還很愛學校，這真的是好諷刺啊！對妳來說，最棒的是老師、活動、遊戲、下課。除了學校之外，我們還報名幼兒體操，接著在妳差不多五歲的時候學韻律體操。後來，上現代爵士舞課、練田徑，還學了陶藝。

在得知妳想要當建築師之前，我們就已經逐漸發現妳喜歡打造東西。親手當妳還很小的時候，就會將我們準備要丟進垃圾桶的東西，像是紙張還有空包裝，再次利用。像一個空面紙盒，妳會在剪裁之後，放進做的紙娃娃。向來對芭比娃娃沒有興趣，寧願創造出屬於自己的人物。有幾次，還真讓我驚訝。像我連拼十片拼圖的耐性都沒有，可是妳在三歲的時候就拼得出來。五歲的妳，已經可以拼一百片拼圖。最後，將所有拼圖塊全都混在一起，再同時拼出好幾片拼圖。妳就是覺得把要做的事情複雜化很好玩！

就在小學四年級的時候，妳說以後想要當建築師。妳超逗的，因為從三或四歲開始，每當我們外出度假，妳總會以一種令人發笑的方式參觀房子、巡察所有東西。大概在差不多六或七歲的時候，會幫忙爸爸在沃格里納斯進行屋子翻修工程。妳問如何蓋一間屋子，對水泥非常有興趣，還喜歡畫平面圖。爸爸是個很會修修補補的人。當時的他瘋狂幹活，花費許多心力在這間我們即將離開的小屋上。

當妳在別人家的時候，尤其會評論屋子的裝潢，下最後的審判：「這裡，太老氣了，這很時尚，這很現代……」大家都叫妳「世紀（房屋仲介公司）女士」，建築師之夢讓我們莞爾。妳喜歡所有關於結構的東西，而且也會從空無一物創新出來。曾經跟著學校參觀巴黎市的維萊特博物館，回來的時候滿心喜悅。

妳偏好現代風格。我們去山上滑雪，當我們待在小木屋的時候，妳做了個怪表情，說：「這是老人的東西吧，真恐怖！」我們總說：「當我們老了時，妳要替我們推推車，還要為我們蓋一間屋子。」

在幼稚園的時候妳有幾個女生朋友。可是幼稚園的老師曾經提醒我注意一件事。當小孩子在班上發送生日邀請函時，從來就沒有妳的份。

她們說：「這讓我們看了有點難過。瑪莉詠總是隨時主動幫我們的忙，收拾拼圖和玩具。可是每當有小孩到了教室發送邀請函時，她總會待在角落，白白地等著別人想到要送給她。」

我們並不懂為什麼會那樣，不過我決定主動解決這個問題。我們一次次邀請孩子，策劃生日會和舞會，想著這樣一來，那些孩子就會回邀妳，結果也正如我們所願。每當我一想起這些事，覺得真是美好的回憶……唉，卻也只不過是回憶。

我很愛妳在我肚子裡的時光，一如懷著克萊依絲以及巴提斯特的時候。你們三個孩子是我們的功勳，也是我夢想的結果。而讓你們幸福，就是我的執著。

妳是個相當強悍、堅強的孩子。我很少看妳哭，當遇到難過的事情時，也不會讓別人困擾。妳會為了讓別人好而努力。但是其實忘了妳自己，以為自己無足輕重、毫不重要。妳對自己說：「我雖然漂亮、聰明、善良、愛開玩笑，卻沒有任何價值。我要忘了我自己，我走了。」

可是，我還是要說，而且要一說再說，妳很勇敢。是的，沒錯。喜歡水。從很久以前就經常游泳。總是隨時準備跳進我覺得冰冷的水中游泳還會滑雪、演舞台劇，無論妳做什麼，一定都是全力以赴。熱愛喜劇演員佛羅倫斯·佛赫斯帝、蓋德·艾馬勒，也愛看獅子王和愛情喜劇。沒有錢的十三歲生活當中，有那麼多喜悅。當妳的葬禮儀式在教堂進行時，我選播的這首席琳·迪翁的歌，讓我不斷地想起我們倆、想起如同水中魚般倏地游走的妳：「我是母親，妳是孩子。沒有任何聯繫比我們的更明智。妳是沙，我是海，妳是我唯一的岸。我正如情感與溫情之海，時時刻刻以我的熱情浪潮包覆著妳。我是母親，妳是孩子。」[8]

當弟弟間隔克萊依絲好幾年後出生時，妳十一歲。總是時時想要抱著寶寶，溫柔地摸他。還用軟體編排了非常有趣的合成影像，取名為：「石油大王巴提斯特」。有一天，妳替他戴上雷朋太陽眼鏡，讓他坐在舊金山大橋上，設計了一個對話框，裡頭寫著一個問題：「誰是老大？」還有這張妳們三個孩子，我的三個寶貝的照片。在上頭寫了四個字：「菲斯家庭」，還在這四個字的下方劃了線。妳也喜歡利用平板電腦，不斷增加關於克萊依絲與巴提斯特的剪輯影片數量。在死去的幾天之前，妳也為我們替妳妹妹安排的慶生會，編製了一部影片。那一天，二〇一三年二月三日，全家族的人都聚在一起，大家都非常開心。

在小學的時候，直到最後一年，一切都挺順利的。妳很高興能夠上國中。即將從一所只有差不多六十名學生的鄉下小學校，到一個熱鬧許多的城鎮，在這棟摩登大樓裡，與六百名學生一起上學，不過妳並不會落單，因為國小同學，甚至是幼稚園的女生朋友也會與妳同校。

妳有自己的朋友。大概是四、五個認識的女孩，可是當我仔細一

8——Celine Dion:「La Mer et l'Enfant」，收錄於「Sans attendre」(Columbia, Epic, 2012)專輯。作詞者：Fabien Marsaud, David Gategno.

想，我感覺她們雖然喜歡妳，但是也把妳當成一個有利用價值的人，而且還可有可無。因為成績表現好，所以妳會幫她們寫作業或是準備報告，可是當她們不需要的時候，就有本事擺脫妳。

一個週末，我們倆在一間家飾店閒晃。我看見妳連續兩次拿起手機，接著連忙收起來。我要妳把收到的訊息給我看一下，結果映入眼簾的是：「妳明天在公車站死定了。」

這通簡訊的發送者，並不在手機通訊錄裡。我好幾次撥打那個號碼卻沒有人接。妳說不知道那通簡訊是誰傳的。於是，我猜想著對方是小孩還是成年人，簡直氣炸了。「妳明天在公車站死定了。」有哪個當媽媽的人在看見女兒收到這種恐嚇時不會激動？

最後我無意間發現一通顯示對方名字的語音訊息。妳知道對方是誰，但是不曉得對方姓氏。我又問，那個人有什麼朋友。總之，我最終找到一個媽媽認識取這個名字的男生。她告訴我，那個男孩是由一個不勝煩惱負荷的太太單獨撫養長大。我在當晚寫了一封電子郵件給導師，隔天又打電話給副校長。副校長告訴我：「他的父母離婚了，爸爸住在非洲。」我想他約談了那個男生與他的媽媽，他們母子也道歉了。那個男生承諾不會再犯，還說不知道為什麼要恐嚇妳。

妳自己設法查出了是誰將新辦的門號給那個學生，妳才剛擁有自己的手機。原來是瑪蒂德。兩年過去，我還是不斷地想起這個女孩。

我們曾經一起討論過校園暴力的問題。警察曾經到學校播放防止校園暴力的影片，提醒學生關注校園暴力問題，可是我早就先給妳看過那些網路上流傳的影片。我們談論霸凌問題一如談論性愛，我這個人沒有禁忌，什麼都可以跟我談。當比較小一點的時候，我就已經要妳提防有戀童癖的壞人。

兩年前妳開刀割盲腸。我還記得在開刀前一晚，妳抱怨肚子痛，可是克萊依絲剛好扭傷了，於是我們的注意力全集中在她身上。隔天一早，妳來房間找我們：「我整晚都沒睡，因為真的很痛。」我們問怎麼沒來找我們。「我不想麻煩妳們。」瑪莉詠，這就是妳，從來都不想麻煩別人。

隔年，妳在一個腳踏車車友的自行車架裡絆倒了。醫生看了X光片之後，不可置信地表示：「從令嬡的傷勢來看，她應該要痛得大叫才對。」我帶妳去手術室，妳反過來安慰我：「媽媽，沒事的！」

妳是一個什麼事情都往心裡吞的小女孩。我和爸爸就是這麼認為。瑪莉詠啊，妳也這麼認為。在臉書上一再寫著：「我吞忍，我什麼都不說，但我什麼都不會忘。」

在小學的那些年，每一科成績都非常優秀。五年級的時候，過得有點不快樂。妳告訴我，有幾個女生會嘲笑妳。她們說妳「有兔寶寶牙」、「肥胖」、「穿得跟男生一樣」、「沒有名牌衣服」……這些下課時在操場說的種種可笑又傷人的評論。

很少有人邀妳參加生日宴會或是睡衣派對。事實上，無論是在五年級或四年級時，都已經不再有人邀約。而我也不再邀約誰。孩子的生日宴會結束了。我才剛生寶寶。我自己也只會偶爾邀約某個女性朋友來家裡過夜，所以覺得沒什麼關係。

在五年級即將結束的時候，大約在六月某個晚上，妳哭著打電話給我：「有一群人罵我。」那一群人基本上都是男生。他們說妳是「自閉兒」、「唐氏兒」。我下班回到家之後，立刻打電話向校長示警。哭得跟淚人兒一樣；「我不懂，我不是自閉兒，也不是唐氏兒或是小丑、打小報告的人。」因為妳很認真、成績好，所以他們叫妳「書呆子」。現在聽某些小孩子說，如果成績很好，就等於人生失敗！這是什麼傻話！

那時的校長處理得很好，如同六年級時的事件發生時。他解決了這個問題，我再也沒聽過妳說起這件事。他在新學年開學時調到其他學校。妳們班的學生也有部分的更動。我以為接下來一切都會很順利。妳一向大方、活潑，總是樂於在班上扮小丑逗大家笑，可是當一個人具有受害者的特質時，別人一定看得出來。妳為了能夠交到朋友，願意付出一切，也願意接受一切。

直到如同留下的信中所寫的：不，太「過分」了的那一天。一幫男生說妳是婊子，沒有一個老師願意處理，學校完全無動於衷。是的，太過分了。真是太過分了。

10

矛盾的情感

「去上吊吧！」

在妳消失之後的那一年，我和爸爸被捲進了情感交雜的龍捲風之中。我們都相信妳是我們當前所謂的校園霸凌受害者：事實上，是反覆暴力與侵犯。我們知道我們曾經提醒校長注意班上所瀰漫的惡劣氛圍，也要求過他讓妳轉學。我們認為這所學校自從新近更換管理部門之後，關於這類型態的問題，處置應對不足或不佳。

我們面對的是保持緘默的學校行政人員、閃躲的老師，以及時而展現敵意的家長。他們懷疑妳信中寫了什麼內容，但卻無從查證，這讓他們感到害怕。我們的控訴並不受歡迎，而我們渴求關於學校狀況的資訊，讓他們頗為困擾：「為什麼你們想要知道？」

幸好我們面對的是認真而負責任的警察。可是司法對於這場促使妳告別人世的悲劇，似乎估量不出這樁事件的嚴重程度。在我們眼中，負責指揮調查的檢察官並不怎麼積極鼓勵偵察工作進行。二〇一三年的七月，妳死去之後五個月，在那個夏初，他傳喚我們。從當時的狀況，我們就看得出來了。而他隨後也在「法國三台」的一則電視報導與《費加洛》雜誌的一篇文章當中，表明了自己的態度。

在一個小時內，他向我們說明檔案裡並沒有什麼特別之處，接著又說了這麼一句：「我們已經在上頭花了五個月」，暗示著他們投入不少時間和金錢。他很客氣地承認這整件事令人難過，但是卻只能這樣。最後，他的結論是，我們或許可以讓校長受到紀律懲戒，就像是處以紀律懲戒與否是由司法決定，說的好像他對於行政擁有種種影響力。但他這麼說其實只是為了哄我們、安撫我們罷了。

於是，二〇一三年十一月十三日那一天，我們的律師大衛·貝合決定我們將針對暴力、死亡恐嚇、過失殺人、教唆自殺、疏於救助，向這些加害者提起民事訴訟，因為我們很清楚檢察官一直將我們帶往結案的方向走。而瑪莉詠啊，如此一來，妳的故事即將在死胡同裡結束，彷彿妳不曾費心寫信、解釋自己的舉動。什麼都沒有發生過。妳的死只輕如一枚落葉。只不過是宿命。是生命中的一場風暴。

我們提出異議：「您把搜查的重點集中在受害者身上，而不是那些霸凌的嫌疑人。」可是他無意深入追查。我請求再次傳喚那些學生，就他們說詞的前後不符之處與他們進行對質，也請求扣押他們的手機，轉錄出裡頭的簡訊，只是檢察官似乎沒有照辦。

我的瑪莉詠啊，妳明白嗎，這類型的案件通常會草草結案收場，之後被擺進生命意外那一區內。事情沒有理由不繼續辦下去，只是他們沒什麼興趣，畢竟那牽涉到的事件頗為尷尬。遭到指控的未成年人、不想揹責的成年人。這一切真的很無聊。別碰我的孩子，別碰學校。那乾脆就罩上蓋子好了！

妳呀，臨走之前，還花時間打開心房，解釋自己為何決定離開，還寫出那些人的姓名。在警察還有我們的偵察過程中，我們在網路上所找到的線索與證言，證明妳在離世前一天還遭到羞辱。司法想要到此為止就好嗎？

後來上頭指派了一位預審法官。二〇一四年五月二十八日星期三，那位預審法官接見我們。我對他有信心。他在未預設立場的情況下，重新展開調查以證明被告有罪或無罪。他尊重妳死前所道出的字字句句。他很在意妳，以及那椿將妳吞噬的悲劇。他明白斷定罪行情節輕重以及辨識出參與者身分的重要性。

至於二〇一三年那場與檢察官的會面，我與爸爸覺得過程當中最恐怖的事，莫過於聽見這句：檔案裡面「沒什麼特別的」。「沒什麼特別的」？事實上，因為我們提出了刑事告訴附帶民事求償，所以能夠接觸那份檔案。就在二〇一四年的春天，距離妳走後一年，我終於能夠親自查閱那份檔案，所有的程序可真耗時！就在那份傳說中的檔案裡，我發現了在信中指明的那些學生在聽證會所說的內容。那幾個年輕人敘述，在妳死去的前一天，他們當中的某個男生或女生，在極度慌亂之際，朝妳下了這個可怕的指令：「去上吊吧，明天地球上就會少了一個人！」

他們對妳說：「去上吊吧！」結果我的好女兒，我溫柔的瑪莉詠，妳照做了。聽了這些笨蛋的話。妳懂不懂這個舉動的後果無可挽回？沒有考慮到這對那些過去和現在都同樣很愛妳的人造成的痛苦？我真的不想要在說起妳的時候必須使用過去式。

二〇一三年九月開學的時候，校長還是好端端地待在那所學校裡。沒有任何改變，彷彿毫無任何意外發生。顯然他並未受到任何懲戒。反倒是妳的老師有不少人離開。

夏季來臨之前，我和妳的某位老師碰面。我想那應該是六月底的時候吧，也就是妳走後四個月。那真的是出於偶然！保母打電話通知我，弟弟看起來不大對勁，於是我提早下班。在巴黎近郊地鐵的車廂上，我一直站著，直到丹佛—羅什洛站才有個空位坐下。鄰座是個埋首報紙當中的男人。

我忽然之間覺得他的臉有點眼熟。原來是妳國一和國二時的法文老師。我癡癡望著他，猶豫著該不該對他說話，我遲疑著。要主動和他說話嗎？還是不要呢？我們正在近郊地鐵上，我不想敘述我的人生，也不想淚流滿面。我終究不敢和他說話。

馬西—帕萊索站到了。我決定主動接近他。這裡的人比較少，起碼向他道聲好吧。可是太遲了，他已經從我的眼前消失了。

我搭上公車。當車子一發動，猜猜我看見誰上了車。是妳的法文老師！他就坐在我旁邊的位置上。我們之間就隔著一條走道。這一次，我努力壓抑內心的猶豫。我得和他說話。我得和他說話。

我第一個下車，然後在車子外頭等他。「老師您好，我是瑪莉詠的媽媽。他望著我：「啊，不好意思，我沒認出您來。」他連聲道歉，接著擁抱了我：「我為您感到遺憾，為瑪莉詠感到遺憾，她是那麼可愛。」我們雜七雜八地聊了一下。「據我瞭解，她被欺負了。她收到了一些簡訊，也有人罵她，是吧？」我同意。

我又說：「很奇怪，自從瑪莉詠過世之後，您還是第一個和我說話的老師。沒有人寫信給我們，我們也沒收到任何的慰問。」他露出錯愕的表情：「怎麼會？您們沒收到我們的信嗎？」什麼信？我從來沒聽說過什麼信。他說明：「我們幾個老師寫了一些東西交給校長。」

「啊，真的嗎？你們把信交給他嗎？」我哭了起來。我說：「這下我放心了。我們還以為所有人都不在乎瑪莉詠的死，因此十分傷心呢。您明白嗎？竟然一個字都沒有。」

就這一點而言，他讓我的心平靜下來。而我也因為瞭解他們對於校長採取封鎖一切的態度感到相當憤慨，而非無動於衷，於是心裡有種如釋重負的感覺。

這位老師對於學校的態度算是強硬。他向我坦承已經申請調職。他本人也遭到欺凌，不但是學生起鬨的受害者，也是辱罵的對象。他曾向校長吐露心聲，卻沒有感受到對方的支持。學生如果遭到處罰，就會向校長抱怨他的不是，而校長竟也覺得學生是對的。他有些語帶苦澀地告訴我，在妳過世之後，某些學生假借難過哭泣，逃避念書、寫作業或是缺課。「老師，我們沒辦法專心！」這些愛鬧、愛起鬨的學生利用這些機會偷懶。他向校長報告，卻得到別管那些學生的指令。

當我謝謝他讓我知道曾經有寫給我們的信，他提起了自己參加的那場學年結束會議。我堅持：「拜託您告訴那些老師，或是向寫信給我們的人道謝，我們沒給予任何回應，那是因為我們沒收到信。」

在回家的路上，我照例在有新的消息時寫E-mail給我們的律師。他在二〇一三年七月九日寫信向學校請求說明。隔了許久後才收到學校的回音。

二〇一三年九月，當《費加洛》報重新提起妳的故事時，我想那位記者一定與學校或是區長聯繫，並且針對這個主題提出質疑。總之，在文章刊出的前一天，我們收到了校長的來信：他在信中宣稱自己並未持有任何信件，我們反倒對他提出「嚴厲的指控」。這封由校長署名的信，打上的日期是二〇一三年九月六日，顯然是晚了幾天才寄出。

這讓我們想要找出真相。我試著找到那位把消息提供給我的法文老師，可是他已經離開那所學校。最後，我在另一所學校找到他，告訴他校長否認有那些信件，但是他向我確認那些信件確實存在。「我們在教師休息室討論過寫信的事情。」他又再一次將妳遭同學辱罵、上課時收到簡訊等等的事情告訴我，我問他是否願意為妳作證。他回答：「我要想一想。」他又表示會打電話給與他頗有交情的另一位女老師。「我會低調行事。一有任何消息就會通知您們。」之後，就再也沒有他的消息了。

某一天，一位媽媽偷偷跟我說：「您曾經嘗試與法文老師聯絡，不過另一位女老師去他的新學校找他，並且勸他別再說什麼。」這位太太藉著向我轉達一、兩位選擇匿名的老師的言論，想要幫上我的忙。妳知道的，學校裡有著任何人都不能向警方告密的沉默法則。沒有人可以說話。

這個消息令我相當煩惱。我一副彷彿什麼都沒發生過的樣子，再次找上法文老師。那時是聖誕節前夕，而他表現相當親切：「我知道這段時間，對您們來說很難熬。」我提醒他先前拜託他證明那些信件被學校扣住，結果他竟然迴避這個話題：「呃，沒辦法，因為根本沒有什麼信。」讓我訝異不已。後來，我又打電話給他，而他也向我確認他的最新說法。「我不明白，您曾經有兩次向我保證，你們寫的那些短信就放在一個信封裡，交給了校長，結果您現在跟我說什麼都沒有？」

當我問他是否聯絡了另一位女老師，他支支吾吾地回答：「有，我們有談過。但事實上並沒有談什麼。要是其他人不跟您們有往來，那是因為您們向校長表示不想要有所接觸。」我聽了簡直要崩潰。如他所說，當時正處於驚慌狀態的我，確實跟校長說過不想與他有私下往來，可是那與不跟其他人往來是兩回事。「您願不願意為我們出面作證？」他拒絕。若是法官傳喚他，他是否準備好向法官說那些事？「看看吧。」

真的很噁心。我問他為何沒有人願意出面作證：「我知道老師都有像是保密義務什麼的，可是您已經是正職教師了，我認為您根本不會有任何風險。」他老實地向我解釋，他們會因為考績的關係而被調職或是延遲升遷。

我想要批評自己，也許我不如理想中的圓滑，可是自從妳去世後，某種微妙的氛圍便在我們周遭盤桓不去。

在妳死後的三、四個星期，我去了布里蘇佛居的花店。通常我會直接找上苗圃工，以免必須痛苦地開進這座城市。但是這一天，一個星期四早晨，我為了要到市中心去，所以車子經過校門口。當我停車的時候，我瞄見達米安、凱文、梅莉絲、馬儂、納迪雅，總之，就是那一伙騷擾妳的傢伙。

他們擠在距離學校一百公尺的某個隱蔽角落裡。那個有人稱為洗衣槽的地方，是一個以矮石牆封起的凹洞，年輕人會到那裡抽菸喝酒。從那裡看得見學校，從學校也看得見那裡。猜猜我看見誰正在哈哈大笑？是這一整群讓妳痛苦萬分的傢伙。媽的！我停好車子，下了車，結果看見他們正在吸大麻。其中一人立刻快步去藏他的毒品。

「嗨，都還順利嗎？」當我一到他們面前，咬牙切齒地問這問題時，那些吸毒被當場撞見的毛頭小子都愣住，不過他們才不會表現出內心的困窘。達米安對我說：「太太，您得離開。那裡有警察！」我轉過身看，接著回嘴：「是嗎？在哪裡呢？」妳的同班「同學」鎮定地喝叱我：「您不能在這裡開車。別人都看見您了」我諷刺地說：「啊，是嗎，我沒有權利開車嗎？」

他們每個人都以充滿敵意的眼神看著我。我真不敢相信自己看見了什麼、聽見了什麼。「我有和你們說話的權利吧？」接著，我堅持繼續說：「尤其是你，叫凱文的，我從你幼稚園時就認識你了。」我又向其中一個女孩說話：「妳，納迪雅，知道我是誰嗎？我是那個書呆子的媽媽、那個沒有朋友的女生的媽媽。」梅莉絲的臉都紅了。我就是要問個明白：「看到我是有什麼問題嗎？」

達米安一副恐嚇我的樣子，拿出了他的手機：「我要叫警察。」他一再說著：「我要叫警察，您沒有權利靠近我們。」但他可是正在抽大麻呢。可見這個小子心神有多混亂不安。

「聽著，要是我沒有靠近你們的權利，那我就站著不動。你叫警察來吧，我就等他們來。」看著他們在他們的隱蔽角落裡哈哈笑，接著把我當成頭號敵人般對待，妳可以想像我的心裡因此有什麼感受嗎？要是他們不心虛，大可以跟我說一點妳的好話，好吧，我的情緒很緊繃。自從妳死後，這是我第一次遇見他們。

這十三歲小子毫不遲疑拿起手機撥號。可是他找的人不是警察，而是他媽媽，我猜的。我聽見他說：「瑪莉詠的媽媽就站在我面前。」她肯定是問他人在哪。我聽見他回答在洗衣槽。接著，我不知道她向他說了什麼，不過他的語調聽起來放心許多：「不不」他表示：「我十一點會去上課。」事實上，我知道他這時候應該要在教室裡上課。他終於掛斷電話。

我說：「怎樣，你叫警察了嗎？我們等他們來吧。」可是他起身就走。其他人惡狠狠地看我：「太太，別待在這裡，別做這個，別做那個。」這實在很不真實。他們叫我滾，就像一個月之前叫妳滾一樣。我的心裡很難保持平靜。這一群傢伙一句句對妳的恐嚇、威脅，像是「我們要挖出妳的眼睛」，在我眼前飛舞。

我決定一次說個清楚：「我和妳們一樣，都有在這裡的權利。我也有權利開車，我女兒死了，我來買花給她，我也該走了。」

我到花店去，接著用E-mail把剛才發生的事情告訴警察與我們的律師。我甚至還打電話告訴警察那個孩子想要恐嚇我。那一小群人是邊抱怨我邊哭著回學校去。

一月的時候，差不多是妳走後一年，我們村的村長主動做了一件很棒的事情。他堅持要我和爸爸到沃格里納斯市政府參加新年祝願活動。

我不是很想見人，但是我們都明白他很堅持，於是我去了。他對著大家說話，一個人說了好久。他說起了妳、我們，說自己認為那些轉身不理我們的人很可悲。他接著說，在這些艱難的時刻，大家得要團結一心，支持那些家庭。我的心裡非常感動，以致記不清他說話的內容細節。那真是一席精采、豐富、強而有力的演說。

那位在學校工作的市議會議員，就是她要市議會不要「攻擊」學校，坐在他的對面，打開了手機，錄下了整場演說，再播給校長聽。校長不滿地威脅要控告村長毀謗。

妳知道嗎，在這幾個月當中，我們有種與那些對我們沒好話、甚至連婉轉慰問也沒有的人對抗的感覺。難道想知道我們的孩子，一個十三歲女孩死亡的真相，有這麼不堪嗎？為什麼所有人的反應都不能像瞭解我們痛苦的那位村長一樣？為什麼整個成人世界不能與我們共同熱切地盡一切可能，解開妳那恐怖的逃走之謎？

11

我的錯

「別聽那些謠言。」

指控別人實在太簡單了，歸咎於他人也是，尋找代罪羔羊也是。學校、校長、老師、學生……要是瑪莉詠的問題來自她的家庭生活呢？我猜想得到所有人在我們背後會耳語些什麼。

我不想理會別人對我們的含沙射影。而妳，自己也解釋了那麼做的原因。妳從不曾在文字上或是口頭上抱怨過我們，反而寫了這一句話：「幸好我有我的家人。」我知道妳感覺到被愛、被圍繞、被寵溺，所以我不相信會有那麼一刻想要離爸媽，還有弟妹而去。

由於一個孩子的死，總會令人覺得在隨便哪件事上有過失，所以我和爸爸當然絞盡腦汁地想要在我們給妳的教育、關心、愛當中，揪出到底是哪個環節出了差錯。

罪惡感是種會傳染的疾病。所有愛妳的人都覺得有罪惡感，但是他們的罪惡感經常是不對的。像是札莉亞，也就是我送衣服過去的那位朋友，在事件發生之後，心裡非常煩惱：「我應該過去拿衣服。」還有其他人也是。那些在二月三日的家庭聚會，看妳拿出羅曼照片、聽妳說隔年三年級的時候要在一位建築師那裡實習的人……大家都覺得有罪惡感，除了那些妳在學校求助的人。那些當妳抱怨「心悸」，卻不做任何反應或有任何行動表示的人。大家都因為毫無察覺到任何不對勁而覺得有罪惡感，除了那些霸凌妳的人。如果他們心裡有過任何後悔，也沒有讓我們知道，或是在墳上擺上一束花。

首先，我想要針對我在檔案裡看見的指控，或是別人轉述的謠言，逐一重複一次。當某些人發現某種程度上指控自己的證據，會為了自我保護，散播與我們有關的閒言閒語，或是玷污我們的名譽。在正視所有為人父母對於自己的行為是否完美的懷疑下，我要提出這些荒誕的假設。

可是所有的一切都混雜難分，因為沒有人需要在我們背後窸窸窣窣地講些下流、毀謗的話。所以我獨自鞭笞自己、批評自己。當我們生下一個孩子，但是卻有種無能懂得保護他免於絕望的感覺，要如何沒有任何罪惡感呢？

發現妳的人是我。這件事，我要一說再說。在我發現妳與宣告死亡之間，相隔一個半小時。接著，一堆混亂的問題讓我們傷透腦筋，我尤其責怪自己。我無法相信自己竟丟下妳。我停不住對自己說：為什麼，為什麼我要出門？事後回想起來，我很氣自己為什麼把妳留在家裡就出門去了，就算只有一兩個小時也一樣。是啊，我真的很蠢。我想像不到妳的苦惱、憂傷。我沒辦法預料到妳會那麼做。我也沒任何方法知道妳有多痛苦。妳說覺得不舒服，我們以為妳感冒了。學校裡，完全沒有人提醒我注意他們讓妳承受的遭遇。

雖然如此，無論有多麼不理性，我還是很氣自己，現在也是，未來也會是。在二〇一三年二月十三日的那些狂亂時刻之中，在我從《巴黎人》日報中讀到遺書的存在與自我了結的理由之前，我仔細研究過所有可能。在家的時候，看起來是那麼幸福。我得要找出某個關鍵。我立刻想到會不會有人闖進家裡，然後把妳吊死了。

接著，罪惡感又重新啃咬起我的心，而且力道更為猛烈。

「我們錯過了什麼？」

當我們看到報紙公開表示妳留下一封信解釋為何要那樣做，對我們來說，那真的是第二場災難。是因為別人傷害妳而自殺。於是我們問起自己，為什麼妳沒告訴我們。也許是我們溝通得不夠。是不是怕我們呢？

為什麼當妳在那個星期二請病假回家的時候，我會相信妳真的感冒了？為什麼當天晚上，或是隔天吃早餐的時候，妳沒有把心裡的話告訴我？我們到底是不是錯過了什麼？

因為我們沒看過那封信，於是我們的腦中閃過一個又一個荒謬的想法。

由於我們知道有那封信的存在，所以罪惡感緊緊抓住我們不放：「為什麼妳什麼都沒告訴我們？」原來在妳的心目中，那幾個小子比我們還重要，妳根本不愛我們。可是比起來，我和爸爸其實更重要。要是什麼都不跟我們說，要是妳因為那些混蛋而拋下我們，那我真的沒有話說，因為那表示我們是失敗的父母。

要是我把所有我們曾想過的恐怖想法說出來，因為想讓每個人知道，在估量別人對妳造成的傷害之前、在提告之前、堅持找出該負責的人，並讓他們受到懲罰之前，我們對自己有過多少質疑。但這永遠不會阻止我們一輩子都會在心底有一個痛處會讓我們認為只要多那麼一點點，妳就還在還會和我們在一起。

只要有一位老師或是一位學監能夠明確、強烈地保護妳就好了。只要妳的同班同學能夠群起反抗，大力伸出援手，而不是表現得像乖順的羊或是懦夫一樣就好了。只要妳有勇氣向我們坦承自己的遭遇就好了，第二本聯絡簿的事情就算了，坦白多次的遲到也算了。尤其是只要行政辦公室打電話給我們就好了。只要那個星期三，我不要開車送衣服過去給我的朋友就好了。

我肯定妳一定用了幾分鐘，或幾個小時的時間，決定要做個了結。或許在前一天，甚至前兩天就已經有這個幻想。或許有人煽動。克羅依，妳那個了不起的朋友克羅依供稱在死前的一天，妳以肚子痛為理由早退，但妳並沒有肚子痛。

這個克羅依表示自己是在那個星期三晚上，從她父親那兒聽到妳過世的消息。但事實證明相反，另一個屬於那一群的女孩表示自己是在當天下午，從克羅依那裡得知妳自殺身亡。

這個年輕的克羅依傳簡訊告訴某人，有消防員在我們家門前。她故意不打電話給妳，問為什麼消防員會在那裡，同時確認妳是否安好。

我想這些學生當中，有好幾個人知道有事情正在醞釀之中，因為聽見他們惡狠狠地叫妳「去上吊！」所以擔憂事情真的發生了。妳也向其中一名女同學坦承自己隔天不敢上學。

可是，到了那個星期三上午十點半的時候，才造訪教學如何自殺的網站。妳是那麼有條理的人啊。完全按照那些指示。網頁內容建議選用衣帽架，確實照做了。是的，就連尋死，妳都是好學生。

妳在十點半的時候造訪這個網站，十一點的時候，下來吃早餐。接著，回到房間，坐在電腦前，上了某個討論區。妳並沒有在那裡搜尋失戀相關訊息。輸入的是：「友誼問題」。妳一定拚命看了搜尋的親身經歷，但是卻沒有得到滿意的答案，沒有什麼可以安撫妳的心。

妳用臉書帳戶瀏覽最後一次的個人檔案，是克羅依的帳戶。那是最後一個出現的臉孔，也鐵定是妳在當下寫的那封信中，第一個提到的名字。

所以，我認為，我希望，不需要什麼就能夠阻止妳，帶著性格特質中的執著與勇敢的決心付諸行動。

可是那樣做的理由是那麼不成熟：我們不會為了失去友情而自殺。瑪莉詠啊，我們應該灌輸妳這個說法。

不，我更正。我們不自殺。就這樣。

在讀過信不久，當我瞭解妳決定結束生命的理由時，就像我告訴過妳，我內心的憤怒與我難以脫身的悲傷深淵交織成一體。妳重重傷害的人，是我、是爸爸、是弟弟、是妹妹，而不是那些讓妳受傷的壞孩子。然而，對於我們的生活，妳無意破壞，只是想逃開，對吧？

既然妳破壞的、勒死的，是我們的生活，於是我立刻焦慮地問自己，為何在信中沒有提到我們。瑪莉詠啊，連一個字也沒有。就好像我們並不存在，也好像我們並不重要。我倉皇、迷惘地在警察面前驚呼：「信裡面怎麼沒提到我們！怎麼會這樣？為什麼她沒提到我們和她的家庭呢？我們已經不存在，而她已經不愛我們嗎？為什麼她要為這些笨蛋自殺？」

從那時以來，我們固定與精神科醫生有約。我和他們談這些話。為什麼，是的，為什麼讓我們在整件事當中彷彿不存在？他們向我們解釋：「因為妳們不是她痛苦的原因。」

在思考這句話同時，我明白了其他事情。我相信妳並不是真心想死。只是希望能夠停止受苦，就像一個死期將至之人。要是活著是為了要痛苦的話，那活著又有何用？

此外，那封信的寫法，彷彿還有明天、還有未來。妳在寫給一個女「同學」時，用的是現在式，乞求著：「我求妳不要在課堂上大喊『婊子』了。」要是一個人準備離去不再回頭，會說這樣的話嗎？

妳對折磨說住手，並且期盼有誰能夠阻止折磨繼續，直到最後。這就是為什麼我會認為妳的死，可以避免。這就是為什麼我和爸爸會把過錯攬在自己身上。這就是為什麼，應該要輪到妳的偽「朋友」攬下過錯。

結果，他們反而避開我們。他們把我們當成敵人。當然，我們的確有提告。我自己也把他們當成敵人。可是啊，如果他們坦承真相，如果他們親自向我們解釋、致歉，並且向我們說出他們不想告訴我們的事，或許我們就會採取不一樣的行動。該為妳的死負責的人，我堅持一定要受到懲罰。其他人呢，在我眼中只不過是真相之敵。

當那個年輕的卡蜜兒，以前是那所學校的學生，而且很喜歡妳，透過臉書聯絡妳的同班同學奧荷，想要請她說明在妳身上究竟發生了什麼事，可是奧荷卻給了具有攻擊性的回應：「我不想指出是哪些人，我不會告訴妳他們的名字，別想了，不可能的。要是我跟妳說了，妳就會當他們是混蛋，因為妳永遠都不會知道這個故事的真實情境。BYE！」

卡蜜兒冒著遭到嚴厲斥罵的風險，跟她堅持了好久，奧荷繼續說：「妳不要像個賤人一樣破壞『他們』的名譽，要知道這所有的混亂局面都是瑪莉詠開的頭。她毫無來由在一個同學的塗鴉牆寫著：我們不喜歡妳，妳是個可笑的傻蛋！」聽她這麼一說，因為「毫無來由」寫一個女孩是「可笑的傻蛋」，所以遭到報復是應該的！這幾個蠢女孩！

妳都已經死了，這個小女孩卻連說點好話都辦不到。而她說起妳時的奇怪用詞，洩漏出某種嫉妒的惡意：「為什麼我會有這樣的反應？妳想要我告訴妳嗎？瑪莉詠呢，我老是看見她臉上永遠都掛著笑容，但事實上，那是為了隱藏她的苦惱，我能說的就是這些！我比較會擔心那些遇上嚴重問題，並且嘗試過自殺的朋友，至於瑪莉詠，我連擔心都沒擔心過，如果妳想知道的話，沒有人猜想得到她會付諸行動。」錯！那一群人的簡訊證明某些人知道她有自殺的念頭。

可是重點不是這個。這個奧荷很有戒心，她似乎知道發生什麼事，而且敘述那些事件的口吻彷彿親眼目睹，但是卻好像只能以沉默掩護自己。當卡蜜兒勸她向我們或是警察談談，她低聲說：「反正那些爸媽沒有準備好要聽那些名字或是整件事。」是誰散播這個假消息？

這個小女孩又向卡蜜兒解釋：「我想先和警察談，再來就是瑪莉詠的爸媽，因為我知道他們要真相，而且真的很需要！我和我奶奶談過了，她說我目前不應該和他們談。」憑什麼？

這個小女孩最後提議卡蜜兒把手機號碼給她。她似乎不信任臉書，所以雖然她願意說出事情發生的經過，但只肯透過電話。卡蜜兒再將她所說的話轉述給我們聽，那是我所能收集到的資訊中最詳細的了。

所以是十二日星期二晚上，妳在納迪雅的臉書上罵了她這麼一句：「我們不喜歡妳，妳是一個可笑的傻蛋！」

而卡蜜兒聽到的是這樣：「瑪莉詠的同學因此不開心，於是在隔天星期三的時候，開始排擠她。她孤零零一個人，沒有朋友。體育課的時候，班上好幾個同學，其中包括最為活躍的達米安，都集結起來，並且唆使納迪雅揍瑪莉詠。沒有人出面保護她，就連她那些假「朋友」也沒有。體育老師，其實也就是導師，沒有介入處理。後來，在接近中午的時候，依內絲告訴瑪莉詠，她對梅莉絲說過瑪莉詠也同樣罵過她。瑪莉詠大概是怕被報復，以身體不舒服為由，要求提早回家。」

有沒有注意到，從這幾頁以來，會改錯字了。我實在受夠了妳們的錯字。

卡蜜兒接下來傳給我的訊息又更詳細了：「在午餐時，事情變得更糟了。瑪莉詠已經回家，而梅莉絲打電話給她，說是要和她解釋個清楚，而在那當下，一群人又再度集結，只不過這一回的人比體育課時更多了，瑪莉詠的假朋友也在其中。他們從當天早上就開始與她為敵了，而其他人也加入行列。」總之，根據奧荷所言，就是有一大群人，一個接一個在電話裡以各種難聽的話辱罵瑪莉詠，並且還恐嚇她：「我們要挖出妳的眼睛」、「我們要殺了妳」、「當妳回學校的時候，梅莉絲要揍死妳」等等的話。同樣的，學監也沒有進一步處理，可是這一切是發生在下課時間。

接著奧荷又向卡蜜兒坦承，在放學的路上，梅莉絲接到了妳的電話。妳不安地想要知道她是不是真的會揍妳。梅莉絲要妳不用擔心，同時又向妳說清楚自己從今以後不會再和妳說半句話。要妳打電話給某個叫依內絲的五年級學生，談關於妳和她以及她班上的其他同學之間所產生的複雜狀況。妳將聯絡不上茱麗亞，之後也會收到達米安的隱藏號碼來電與死亡威脅。

這就是奧荷不應該向我們揭露的事。總而言之，她在私下打的電話當中向卡蜜兒解釋自己本來想要與瑪莉詠的父母談談，可是「學校禁止師生聯絡他們。」

學校禁止師生與我們聯絡。我再說一次：憑什麼？憑哪個人？是依照哪項規定、哪種道德、哪條法律？

要是警察或是法官認為學校的大人與孩子必須避免與瑪莉詠的家人有任何聯繫，那他們就會讓我們知道，不是嗎？而且要是真有這條禁令的話，那雙方都必須遵守，不是嗎？可是沒有任何命令要我們與學校和學校裡的人員保持距離。

這種態度引發我們的不解、憤恨、痛苦，而這種帶著罪惡感的混亂情緒，無疑地扼住我們，讓我們痛苦。我們無法阻止這場悲劇，但是我們將要努力不讓這場悲劇襲擊別的家庭。

為此，我們需要真相。在妳的葬禮過後，我看見了雷奧，就是那個曾經和妳同班，不過遭到開除的學生。當時的我，正處於驚愕的狂怒時期，我按捺不住地打開窗戶：「喂！你知道瑪莉詠發生了什麼事嗎？你知道這個消息嗎？」

他回答：「太太，我不知道。」過了幾分鐘，有人敲了我家的門。是雷奧的媽媽和他的繼父。他們是我們的鄰居，不過在妳走後，他們便不再與我們聯絡，不過既然我呼叫了他們的兒子，於是他們親自上門說明他什麼都不知情。我們聊了一會兒，之後，我出發前往墓園。那位先生在離開之前，建議我：「別聽信那些傳言，讓警察處理吧。」我想知道他暗指的是什麼傳言，但他並不想回答。

不久之後，我帶克萊依絲參加某場生日派對。一個認識妳的媽媽向我說明了一些事情：「有許多的傳言。有人謠傳瑪莉詠是因為妳們發現她和一個老男人交往才自殺。」我簡直不敢置信：「什麼？一個老男人？」我非常生氣：「不可能的事，不要再玷污我女兒的名譽！」這個太太表現出想要幫我的樣子：「妳想要知道其他的傳言說什麼嗎？」

不，我不想知道，我不要別人玷污妳的名譽。傳言，從沉默處興起。這就是學校祭出沉默法則的結果。這種無人性的作法，要我如何原諒他們？

那些傳言玷污了妳，就好像從妳的處境來看，需要的正是如此。傳言玷污了我們，尤其是我，因為別人看著我激動忙亂、渴求線索。某些傳言對我所造成的影響，就像是一把刀插在身上。巴提斯特上的幼稚園裡，有一位女員工告訴我，我一個女鄰居就是在村裡散播這樣的謠言：「她說她很瞭解妳，還說瑪莉詠很怕回家。」妳總是笑容滿面，奧荷不也是這樣形容妳？

別人什麼話都說出口。說因為爸爸打妳，所以自殺。什麼話都有，而且全都是鬼扯。信中提到的女孩子，其中兩個，她們在事情發生的幾個月前說妳是「胖子」！偷偷地告訴警察：「是的，瑪莉詠有一些問題。她瘦了很多，我們以為她得了厭食症。」看清她們如何操弄別人嗎？妳對自己很沒有自信，所以妳的離去與拜她們這些害人精所賜的命運無關。妳細瘦的身材是得自我的遺傳。當我小的時候，人家都叫我「瘦皮猴」或是「排骨精」。

另一位媽媽也告訴我，每當有家長打電話給學校的時候，校長總會宣稱：「不不，瑪莉詠的自殺跟學校無關。她是因為家庭問題的關係。都是她的家庭造成的。」什麼家庭問題？

在暗處談論自身一無所知之事的人很惡毒，但是他們並沒有這麼想過。

12

那個毀謗的女性

「我們想要過我們自己的生活」

緊迫盯人的新聞出版，令人喘不過氣來的大眾媒體。記者就像是帶來厄運的貓頭鷹，在妳死後，猛烈地襲擊我們。我們是讀了《巴黎人》日報，才知道妳遭到霸凌，並且留下一封信。我們看了「法國三台」，才知道這位大學區大人物口中對妳的評論與我們的絕望，是在沒有通知我們，甚至向我們致哀的情況下進行。

對於沒有事先與我們聯絡，而我們什麼也都不知道，便公告周知的新聞出版、對於那位我們試著聯絡，卻裝死不回應的記者、對於讓那位學校大人物表達意見，卻不願知道我們怎麼想的電視台，我們心中有隱隱的恨意。

隨後媒體監視起我們的一舉一動，追逐我們，並且以他們的自私要求騷擾我們。現在，我比較能夠理解那些名人的抱怨了。這種遭到強暴、遭人侵入門戶的感受，我想像得到那些每天受到記者跟蹤的人過著是什麼生活了。然而，就算妳選擇了暴露在大眾眼前的工作，妳依然有權利在自己的角落吃冰、哭泣，不是嗎？當然某些人總會追逐著鏡頭。但我們不是。

妳走後的四個月，我們接受《費加洛》雜誌的訪問，那篇訪問稿出現在二〇一三年六月二十八日出刊的雜誌上。至於司法方面似乎毫無動作。既然什麼都沒有發生，那我們也就不再有理由保持沉默。這次，我們不再忍受記者的糾纏。我們也有時間好好思考。經過衡量後，我們做了這個決定。媒體想要知道究竟發生什麼事，而我們則是不想忘了妳。於是，二〇一三年六月十三日，我們再補提告訴。

《費加洛》雜誌的這篇採訪引發兩種反應：一種是司法方面的反

應，另一種則是行政機構方面的反應。七月初的時候，檢察官決定在接下來的幾個星期和我們見面，如我前面所述。另外，我在事後發現學校校長在夏初的時候，打電話向國家教育部求助：「我需要司法保護，與這位毀謗我的女性對抗。」怎麼能夠將一個母親，確實充滿憤怒但只是一個想要說出或寫出奪走女兒性命之惡的媽媽，認定是一個毀謗的女性？

在同一時期當中，我也接受一名「法國三台」記者進行簡短的採訪。電視台在七月二日下午一點的新聞當中播放這段訪問，並在當晚七點新聞時重播。當我上臉書時，發現一些惱火、下流、幼稚的留言。那些都是妳學校的學生寫的，像是：「又來了，這些混蛋記者真的煩死了，我們的暑假不好過了。我們想要過自己的生活。」等等。在短短的四個月當中，這是第二篇媒體文章，以及我們的第一場電視訪問。不過，我們倒是壓制住這些「混蛋記者」。

在這些日子裡，一個女孩在臉書上表達她的同情，但是她同情的對象不是瑪莉詠妳，也不是我們，而是她的朋友。她勸告他們要保持團結。混亂主導了整個局面。一些人對記者發動攻擊，並且反對相信我的「那些人」，以及所有攻擊他們的人。其他人則是訴苦，說那不是他們的錯，說他們也無能為力，但他們原本可以做些什麼……他們猜想著即將發生的事情。就像是害怕真相。

四個月之後，二〇一三年十一月十三日，我們的律師提告而這一次還附帶民事求償。媒體當然集中全力報導。我們與一名《新觀察家週刊》的記者蘇菲德賽爾談話。這位相當認真的記者在隔天刊登一則長篇報導，文中還附上妳的信，我們隱去了其中的姓名。從那時開始，我們的憤怒與面對一個豎起尖刺對抗我們的學界時所感受到的孤單，眾人全都瞭解。我們成為記者之間炙手可熱的人物。我接受了Europe 1電台托馬索圖的採訪，以及三場電視訪問，分別是BFM、France2與M6。托馬索圖告訴我，訪問預定是十分鐘，不過在這場直播節目中，他讓我對著麥克風說了十三分鐘的話。我很謝謝他。瑪莉詠啊，除了妳的故事之外，多虧這些媒體，我們才得以傳播一個更普世皆準的訊息，那就是對抗網路霸凌與校園暴力極為重要。

許多的訪問邀約紛紛湧來。而教育部也在十天之後成立了防制霸凌宣導小組。一些協會與受霸凌學生的家長打電話給我們的律師，想與我們見面。可是我們喊停。是的，瑪莉詠，我們拒絕了為數可觀的邀約，然而，妳看，他們又怪我們透過媒體宣傳妳的故事。一個女鄰居甚至擔心：「我希望這些不會花妳太多錢。」就好像我們是付錢才獲得媒體曝光。

人們想知道為何媒體問會引發如此熱潮。他們都太習慣逆來順受了。他們不懂二〇一三年的法國，當一個孩子成為一群孩子的出氣筒，或是蠢事、壞心眼與集體無意識的代罪羔羊時，有除了自殺以外的解決辦法。

我們的律師在得知整件事當中也包括網路霸凌，我們也因此得以請求卷宗移轉時，向高等法院再提出新的告訴。高等法院決定請檢察官進行總結。行文至此，妳的事情已經交由預審法官處理。這位法官願意花時間傾聽我們，同時還謹慎說明他將會證明被告是否有罪或無罪。我們喜歡他的坦率與十足穩重的態度。

不久，我的信箱裡收到一個未署名的信封，裡頭有一封日期為二〇一三年十一月十八日的信件影本。寄件人是校長，收件人是大學區區長與教育部長文森．貝永。校長在信裡頭說我在媒體上滿口胡言亂語，說我利用校園霸凌這個話題，還說我將自己「很上鏡的痛苦」告訴大家。是啊，他揭露了我「很上鏡的痛苦」總之，他寫的那些話，如果不是出於鄙視，就是出自沉重的怨恨。他當然寧願我們安靜地低著頭。

他在信中以教學團隊之名，要求為了管理人員與教師，設立一個心理輔導諮商小組。他進一步說明，我所有的資訊，都是透過「霸淩」的手段強迫要到的。是啊，他有那個膽子用這個詞，要是我在公眾面前再發表談話，那麼他和教學團隊便不會保持低調。他懇求部長逐一回應我的問題，並且還一一列出要部長讓我閉嘴的論點。

校長在妳過世當晚，曾經寫郵件給所有教學團隊，要求學校教師與管理人員千萬不要與我們家聯絡。我也已經從某個匿名者的手中收到那封著名的郵件。

另外，我還在信箱裡收到一場全體會議的會議紀錄。那場會議舉行時，妳還在這個世界上。在這場會議當中，教育顧問抱怨學校學生的規矩問題與不禮貌的言行日益嚴重。她感嘆：「我們總不能全怪四年C班吧！」她的意見顯示出就規矩方面，妳們班已經成為學校的頭痛問題。

就算那些未署名信件，都是在我們不在家，或是在白天，或是在黑夜裡擺進我家信箱，我們的心還是覺得暖暖的。這些信件代表的是那些送來文件的人對我們的支持，可是卻也透露出那些想要幫我們的人所感受到的恐懼。我很高興能夠擁有這些讓訴訟可以獲得進展的文件，可是沒有人願意為了捍衛一個處於哀傷之中的家庭、一個被逼到無路可走的女孩以自己的名義，光明正大地出面作證。

所有人問我為什麼家長會沒有積極地對我們表達支持，那是因為他們要保護自己的孩子，包括那些讓妳的人生天翻地覆的小劊子手。我聯絡了一個家長意見基金會代表的媽媽，想要問她有沒有或許能夠幫上我們的資訊。她的回應呢？「基金會要求全體家長代表勿向外界洩露任何來自學校的資訊。」

要求很明確：所有人一致對抗菲斯家。沒有人敢說話！就連學校的打掃人員也不敢表達意見。我還聽說校長在二〇一三年十一月的時候召集全校所有成人，從打掃人員到部門主管，要求他們在那封寄給部長貝永先生，用意在反對我的信上簽名。所有老師也都不能置身事外。有的人並未出席，有的人雖然出席卻未簽名。最後，他以「教學團隊」的名義，在給貝永先生的信上簽了名。

我的朋友對於沒有一個孩子明確向我們表達愧疚之意這件事，感到非常訝異。永遠讀不到這本書的瑪莉詠，我的女兒啊，就算會嚇到妳，我也要說，有的時候，我感覺妳的朋友與妳的死一點關係也沒有。

我在臉書上看見他們在妳死後三天，就已經開始嘻嘻哈哈。我看見他們在更衣間（妳受苦的場所之一）的自拍照不斷增加，以及發布班級照片，同時還發了這則讓我難過的貼文：「與妳們共度的超棒一年。我們人生當中最美好的一年。」好吧，或許他們試著說服自己，或許他們掩飾著他們的悲傷與焦慮。可是我真的難以相信。為什麼他們之中，沒有人寫一點安慰或是溫柔的文字給我？

最終，妳的同班同學，或是學生家長與學校行政人員的否認，在我們眼中成了家常便飯。好幾家知名出版社提議替我出書。當我收到編輯克萊依絲．可安那封文情並茂的信，心中十分感動。我和爸爸決定必須出來見證。為了妳，也為了其他人。

可是，老實說吧，某些孩子根本不會忘記妳。就像羅曼或者就像拉法菲爾，他的媽媽是妳班上同學的家長當中，唯一一位透過一封簡訊與我聯絡的人。

某些青少年互相集結起來，要讓妳的回憶永存。在妳去世後不久，臉書上成立了一個向妳致敬的專頁：「R. I. P.，瑪莉詠菲斯。」我前面也提過了。還有兩個專頁也差不多在同一時間成立：「早逝的天使瑪莉詠」以及「R. I. P.，我們都喜愛的瑪莉詠」。目前這些致敬的專頁都已經關閉。第四個專頁：「向瑪莉詠．菲斯致敬」則是在二〇一三年八月三十一日成立。一年之後，在二〇一四年九月中旬，這個專頁也關閉了。在關閉當時，已經有超過一千七百個的「讚」。

這都與我們無關。這些專頁都是在我們不知情的狀況下成立，但我們因此感動，也獲得安慰，尤其是第四個粉專，那是一個年輕女孩以匿名的方式成立，開放到二〇一四年開學時期。我不認為妳們學校會在妳自殺之後，在校內安排任何支持小組。瑪莉詠啊，有許多學生上那些專頁，讓妳活在他們的心裡，同時也藉此表達他們的哀傷。那是一種有用的發洩管道，因此我們並不反對那些專頁的存在。那名成立專頁的年輕女孩顯然瞭解妳所忍受的苦。她自己也受到了霸凌。她在專頁上寫出有人罵她是胖子、醜女或是「垃圾」之類的，我已經不大記得了。

有一天，她憤慨地寫著：「我不知道妳們是怎麼能夠看鏡里的自己。」嗯，有錯字，不過沒關係。稍晚，她喝采：「妳們看，現在，我們的人數比霸凌的人還多！」她確實該開心：一千六百七十二個「讚」。對一個每十五天才發布一首短詩、兩三句話的臉書專頁來說，這個數字真驚人！

管理員很勇敢。她發布與霸凌者對抗的明確訊息，也針對自殺與疤痕紋身寫了一些文字。這個在二〇一三年當時應該是十二或十三歲的女孩，拋出了一些真正值得辯論的議題。雖然她的專頁並不是法國文化電台，可是依然很有趣，因為她帶著其他青少年回歸每日的現實生活，並促使他們提出質疑。

我認為她為了避免麻煩與壓力，所以想要保持匿名。我也注意到她刪除了某些留言。我想她是在私底下受到責怪。畢竟攻擊霸凌者，就等於有可能遭到辱罵和惡毒詛咒的反噬。接著，她鼓起勇氣，勇往直前，因為她觀察到全法國的網友會支持她，特別還有些成年網友留言：「我知道那是什麼感覺，因為我也承受過。」或者「我知道那是什麼，我是成年人了，可是因為那段經歷，讓我現在依然對生活不滿。」同時也有一些家長述說著自己的兒子或女兒的相同遭遇。

這個專頁，是一個社群。而這個社群的推動者放了一張妳的照片、信，以及談論妳自殺的文章。她也與一些討論校園暴力的網站建立連結。她發布歌曲，也向所有被霸凌者推向死亡的孩子致敬。

要是有一千六百七十二個人為一個陌生的小小臉書專頁按「讚」，那就證明我們能夠推動一些事情，而且沒有什麼是白費的。

13

得談一談

「她已經展開翅膀」

妳聽過基恩V的歌曲〈小愛蜜麗〉[9]嗎？這首在二〇一二年，妳離開的幾個月前開始於電台播放的歌曲。這首歌等於或幾乎等於是妳的故事。一個相像的女孩的故事：「那樣地美麗、善良，一雙令人著迷的雙眼，她是她母親珍愛的寶貝。」當我繼續聽下去時，以為聽見這個男生唱出了我有多麼地愛妳：「他們不能沒有彼此。他們的關係比形影不離更要緊密。」

一開始的時候，愛蜜麗六歲半大，一切都很好。接著，她換了學校、改變了生活方式。八歲的她，一切都更好了。等到她十歲的時候，就可說是嘲弄大爆發了：她是好學生，她有「可愛的胖胖臉頰」，大家叫她「貪食王」，就連在老師面前也這麼叫她。

接著她十二歲。在中學裡，別人嘲笑她。她成了「班上的出氣筒」。歌詞唱著：為了不讓媽媽驚慌，她「決定閉嘴」。一晚，她的同學讓她忍無可忍。「她受不了了。」就像妳一樣。「所以她展開了翅膀，飛向了平靜。」

我身邊有些家長難以接受一首這麼陰鬱的歌會成為某些操場上的流行曲。二〇一三年二月，也就是妳過世當時，一支在媒體播放的印度支那樂團單曲MV，也同樣引起他們的憤慨。MV裡頭呈現一個遭到班上同學毆打、嘲笑、迫害以及釘上十字架的少年，這個少年最後死於十字架上。樂團主唱尼古拉·西克利在遭國家視聽委員會開罰之後，向委員會解釋這部由薩維耶·多藍所拍攝的中學男孩MV，揭發了一個「不

9——Keev'V〈Petite Emilie〉，收錄於《La vie est belle》專輯（Yaz, Universel, 2012）

一樣」的學生（指的是同性戀）在學校遭受的霸凌。委員會成員法蘭斯娃・拉伯德表示暴力無法透過呈現的方式制止。這是一個永恆不休的爭論。

不過我支持這些歌曲。我認為這些歌曲很有威力，而且論點深刻，值得進行各種的意識宣導活動。起碼歌曲中的訊息已經傳遞開來，也成為眾人談論的話題。預防宣導影片是很好沒錯，必須到網路觀看。那些歌曲就等於是直接傳遞給孩子的訊息。

當然了，有人會懷疑〈小愛蜜麗〉是不是會讓脆弱的青少年認為，唯一解脫的方法，就是結束生命。可是我的感覺並非如此。我反倒認為那些歌曲意味著：「看看什麼事可能會發生。別傷害他人，不然會有悲慘的結果。要是您親眼見到暴力發生，請採取行動。」這些歌曲都是一種強烈的刺激。

任何得以讓這些討論深入家庭或是中學校園內的作法都有用。我覺得教育部的影片，對青少年來說太溫和、太有文化了。

瑪莉詠啊，這些影片妳也看過。在六年級的時候，我們就已經在網路上看過這些影片，而且還一起討論。可是妳從來不認為自己遭到霸凌，也從來不以受害者自居。妳的反應是潛在證人的反應。受不了有人羞辱殘障、黑人、紅髮、肥胖者，但更受不了的是，明明聽見那些羞辱，卻不出手搭救。

我曾經告訴過妳：「無論發生什麼事，都要告訴我們。」在小學六年級與五年級的時候，每當遇上一些問題，便會告訴我們。但是在四年級時的妳，明明遭遇了令人心碎的事情，卻什麼也沒對我們說。

同樣在四年級的時候，有一天妳來找我。六年級的某個殘障學生，行動困難。其他學生以絆倒他為樂。妳要我通知那個學生的媽媽：「我扶了他一兩次。不能再繼續這樣了。」妳就是這樣。隨時會對他人伸出援手。

妳經常不平地提起那些在學校遭到粗暴對待的孩子。「每個人因為他的鼻子和嘴巴，所以不把他當一回事，這實在令人無法接受。」還有：「那個女生，大家總是說她是胖子。她的體型是有點魁梧，可是那不是欺負她的理由。」妳會保護他們，可是我想不到，有一天會是妳需要保護。

並不是只有妳而已。並不是只有妳需要幫助。在布聖摩里斯鎮，有個男孩也因為相同的理由，早一個星期自殺身亡。不過他並沒有上某個網站。那一天，在一場最終的爭吵之後，他從學校回到家，接著做出一樣的行為。當初他的父母一知道他在班上所承受的痛苦，便決定：「我們把你從學校帶回家。然後以為這樣就夠了。」他的父母以為讓他逃過了危險……

另一個男生在自己父母身旁的幾公尺處自殺。他還是獨生子。一個十七歲的女孩也是自縊身亡。另一個女生則是以獵槍自殺。他們都選擇激烈的死法，彷彿想要以暴力回敬暴力。他們大可以服藥後去睡覺，試著讓藥效發揮。可是他們卻是選擇了快狠準的方式。兩分鐘，結束。

這些衝動的行為，可解釋為逃離的願望。就像是家裡失火，所以跳窗逃命。集體霸凌是一道難忍的傷口。頭快爆炸了。妳不願意再去那裡，因為真的太痛苦、太沉重。

在留尼旺島上，有一名十四歲的少女從六樓跳下。留尼旺理事會主席寫了一封信告訴我，身為人母的她，對於這種現象有多麼難過。她也親自向當時的教育部長文森．貝永表達意見。她在電話中說，十一月二十日是國際兒童人權日，他們將一場世界性的祈禱獻給妳。在教育學課堂上，他們討論了妳的案例。在距離我們國家幾千公里以外的地方，有人為妳做了學校不知道要做的事情。

大部分的成年人將這些霸凌事件簡化成小孩子的惡作劇。這是很不負責任的作法。上述的悲慘事例並非是尋常的操場鬥毆，而且經常還有一窩蜂心態在內。沒有人聽見，大家都轉過頭去。被同儕霸凌的孩子通常都只能被迫沉默或是被摀住嘴巴。這一幫一群的人之間所流傳的暗語很簡單：「要是妳說的話，就是打小報告！」真令人以為是黑手黨分子呢。

受害者不出聲。要是他們敢說出口，就會遭到孤立。那群人放肆、撒野，完全不認為會受到懲罰。每個人都覺得處於團體的保護傘之下，在殘酷之中相互支持。他們認為團結就是力量。他們在中學校園的角落裡追逐獵物，甚至還透過社群網路追進獵物的私生活、房間、床上。而這種現象，永永遠遠都不會有停止的一天。

要是其中一個學生厭倦了，就會有另一個接手。他們有兩個人、他們有四個人……而忍受侮辱的妳覺得羞恥。就像遭到家暴的婦女或小孩，因為羞辱而自我封閉，等著一切過去，將頭埋進沙子裡，「對，是我不好，我沒有快點把鹽巴拿給他，可是這件事，或許我自己也有點活該。」有一天，有人責備這些婦女：「為什麼妳們不離開？為什麼妳們都不說？」其實離開並沒有那麼容易。和一個男人在一起，就如同和一個團體在一起。任憑羞辱等於依然視自己為對方的所有物。有毒的關係仍是一段關係。只是最後終將因此而死。

是啊，為了重新思考預防的方法，我設法讓校園霸凌與家暴婦女串連。我知道家暴婦女收容中心的存在，但是我並不確定要是哪一天我被打了，會不會到那裡去。要說出自己的悽慘遭遇，需要多大勇氣啊！接著會發生什麼事呢？檢察官的法律提醒。而當妳回到家，妳的丈夫知道妳提告，會打得更用力，威脅要取妳的性命。霸凌背後也一樣。我們經常都是在關起門後才發現死亡恐嚇的存在。就像有人說的，恐嚇只是鬧著玩、發洩發洩而已。可是瑪莉詠妳知道，有時候真的會以死亡收場。像妳這麼聰明的人，對於生命與自己的幸福，都會認真地看待，對於讓自己不幸的威脅也一樣。

預防措施不夠，卻必要。今天針對孩童的宣導活動，主要都是啟發良知。我們讓學生坐著看一小時的影片，鼓勵他們進行一場小型的辯論，然後大家就回家了，如此一來，學生根本掌握不到重點。也沒有人問他們：「那你們呢？你們也遭受過霸凌嗎？」然後妳想像自己在大家面前舉起手來，躡躡嚅嚅：「有，我有，我吃過霸凌的苦頭」

沒有任何的組織機構，也沒有任何傾聽意見或心聲的場所。只有一串長到背不起來，而且沒有人知道，所有五歲到未滿十八歲的未成年人也不知道的電話號碼：0808807010[9]。五歲的孩子沒有手機，也不懂如何以言語表達出這種痛苦。至於一個十三歲的孩子，如果成為霸凌的受害者，會猶豫是否要與一個陌生的聲音通電話。而且08開頭的號碼會列入帳單的通話明細之中，更令人擔心身分遭到辨識，並且被追蹤。

這支專線命名為「停止霸凌」，聽起來比「年輕人暴力傾聽專線」還好。霸凌當然是一種暴力，是一系列的暴力。指的是重複性的精神暴力。有些學生因為沒有遭到毆打，再加上會以成為嘲笑的目標為恥，因此不會把自己視為暴力的受害者。為此，精確的字詞使用有其必要。

至於網路霸凌，政府在不久前也設置了一支號碼為：0820200000的免費匿名專線以對抗網路霸凌。然而，說起意識宣導運動所使用的影片，我看了只覺得反感，對我來說，那又是另一種問題。我希望所有的家長都能夠和我一樣認真地觀看那些影片，也相信他們看了之後會和我一樣感到驚訝，那就是在這些影片當中並沒有成人出現。他們都缺席，在影片當中消夫身影。即便如此，這當中還是揭示出某種普遍性的忽視，以及成人世界及管理層的失職。

在妳離開後，我又重看這些影片幾次。起初，我覺得這些影片太過污名化了。那些受害者不是「胖子」就是「婊子」起碼其他人就是這樣

9——本章節電話為法國原書內文，台灣求助專線請見附錄。

對待他們。可是問題不在於太胖或是太性感，而是不能羞辱別人。就是這樣。

總之，像是被其他人叫「婊子」的受害者學生的那部影片，看似就是妳的故事，那些孩子在操場上的時候，我們看不見任何成人或是學監。在教室裡也沒看見老師。坦白說好了，影片描述出的是一個成人並不存在，也無法提供保護的世界，令人以為劇情發生在路上或是某棟建築物之中，而這意味著：「妳們之間自己想辦法解決吧！」

現今有人一再對我們說：「打破沉默法則吧！」而這也就是這些宣導運動的口號。可是啊，你們這些老師，這些主事者，打破沉默法則，就從你們開始吧！請清理你們自己的門戶，當你們中間有人目睹一個孩子被霸凌的場景，卻連動動小指頭都不願意，請別縮進社團主義當中。在面對這場危險的可恥的現象時，請堅持給予這些權利吧：要求一支專線、一個作為討論的空間，或者陪伴學生到警察局。可是到目前為止，都還看不見任何計畫。

瑪莉詠，妳知道的，不應該由學生打破沉默法則。應該是由成年人插手介入，並且高喊：「這是不容許的！絕不寬貸！」

偽善削弱了喚醒集體良知的力道。我和爸爸打破了沉默法則，可是學校系統反駁我們：「走開，讓我們做事，別來打擾我們。」我們藉由請求幫妳換班級，打破了沉默法則，結果得到的回答大概如下：「我們知道怎麼處理，妳們別管這事。」我們在妳自殺後打破了沉默法則，結果得到這樣的回應：「妳們在胡說八道，根本什麼事都沒有發生。」

瑪莉詠啊，在妳離開前，妳也曾經勇敢地打破沉默法則。不怕麻煩地寫了一封信描述出自己的感受，甚至還道歉。給出姓名。妳說那些侮辱已經太過分了。但是學校的作為是當作那些並不存在。校長對其他家長耳語：「是家庭問題。」

當妳還在的時候，他們沒傾聽妳說話。去世以後，他們拒絕聽妳說的話。他們當作妳沒寫那封信，那封寫著：「我向妳們說出我心中的話，就算今天我的心臟不再跳動……」的信。

可是大家才不在乎妳的心、不在乎妳的心臟不再跳動。是啊，我很激動。當我想到大家對妳、對我們的冷漠，我心中充滿怒火。要是這些人不在乎妳的際遇的話，他們怎麼會關心孩童呢？妳帶著笑容，天真無憂地去學校，卻是躺著離開學校，而且沒有獲得任何榮譽。什麼都沒有，就像個女乞丐般一無所有。

所以我對於那些宣導活動，毋寧是抱持著不信任的態度。數字會說話。持續增加的數字，代表無效的預防措施。有人反駁我，說是因為現今比以往更能夠辨識出這些悲劇，所以數字當然會增加。可是我不以為然。

根據法國官方的最新研究，百分之十·一受訪的學生聲稱曾經遭到霸凌；而百分之七的學生相當於每十六個孩子當中就有一個人，表示遭到程度嚴重或非常嚴重的霸凌。

這個數字十分驚人：一千二百萬名就學孩童當中的十分之一，換算就有超過一百萬個學生，沒有為功課而辛勤揮汗，而是想到會有人故意絆自己一腳或是嘲笑自己而直冒冷汗。而這些學生當中，有一半抱怨遭到羞辱；百分之三十九被取糟糕的綽號；百分之三十六遭到肢體推擠；百分之三十二被排擠；百分之二十九因為課堂上表現良好而遭受嘲笑；百分之十九遭到毆打；百分之五則是遭到強吻或非自願的肢體觸摸……等等。

法國教育部長助理艾瑞克，德拔比爾告訴我，在中學生族群當中，有百分之十五的人認為遭到霸凌；而好學生則有百分之四十。其中最高峰，人數最多的，就落在十一至十六歲之間，這是在學校機構當中發生各種危險的年紀。根據法國聯合國兒童基金會於二〇一四年所做的研究報告指出，有十五歲以上的孩子，有百分之三十一表示在高中或是在國中時遭受過霸凌。而受訪的學生當中，百分之十六抱怨遭到網路私刑。

瑪莉詠啊，就這一點來說，新任教育部長娜雅·瓦拉德·貝森，在二〇一四年九月開學過後，對於表示在學校感覺安心的青少年比例之高而大感開心，就是引用這一份聯合國兒童基金會的研究調查作為對照。只是有百分之八十六的學生感到滿意，就代表著有百分之十四的學生在學校感覺不安心，是要怎麼能開心呢？百分之十四，要是我的算法沒錯的話，那就等於一百七十萬個孩子。

根據其他官方的原始資料顯示，百分之四十的法國學生表示曾經遭受網路霸凌。教育部與臉書於二〇一一年建立的合作關係，僅針對嚴重累犯案例進行處理，而且兩年之間，只關閉五十幾個帳號。

首先，得全面針對學生之間的霸凌推動力省思。我想，除了青少年群體捕獵的動機之外，孩子若抱持著出事也不會受罰的心態，那麼，這樣的心態也會鼓勵霸凌發生。

我說的這些話語並不是當前的流行趨勢，可是，我想要揭發的是學校內盛行的放縱主義。無數教師對此相對感到失望，而又助長這種主義盛行。這並不是個案，學校裡也有很棒的老師。可是當與學校主事者的冷漠、行政機構的惰性、校際之間的合作主義衝撞之後，終究只能自己聽天由命。

是的，行為太過分的學生以為自己能夠為所欲為。而那些感覺失望的老師只能對自己說，設有紀律委員會的學校極少，懲罰又只是特例的話，個人又能夠怎麼樣呢？

當一個孩子被同學欺負到自我封閉、拒絕上學，或是逃學時，有兩個解決辦法：告狀，但可能激起其他人的敵意；或是閉嘴。以這個孩子的狀況來說，無論他嘗試以自殺逃避，就像妳一樣，或是「中輟」。今日當我們這麼說的同時，還假裝中輟離校是一種莫名產生的現代災難，不再回學校，有極大的風險。

所以，瑪莉詠啊，妳實在應該也要「中輟」離開學校，可是妳這學生太乖了。不想浪費自己的時間，也不想要我們失望。

總之，明確來說，這像在說該滾的人是受害者，像是為了找到一間私立學校收留而東奔西跑或搬家的父母。就像在城市與治安敗壞的郊區一樣。我知道我在說什麼，畢竟我就是在那些地方長大。為了付房租，拚死拚活地工作，要是你受不了有男人在樓下買賣毒品，在地下室抽菸，在你的孩子不跟他們同流合污時嘲笑你的孩子。滾啊，你在一個無法治的地區！

是啊，妳這個學生太乖了。如果妳是壞學生的話，我或許就會被叫到學校去了。我甚至懷疑在最後的那段時日中，故意讓自己被學校開除，因為，要是被開除的話，妳就不是打小報告的人了，對吧？

在妳走後，當我翻著第二本聯絡簿時，發現了妳不讓我們知道的事情，那就是妳在課堂上頂嘴、嚴重遲到、作弊。事實上，妳該被記支警告。

可是並沒有。沒有人提醒我們，妳的行為突然出現改變。二〇一三年四月十五日那天，我與校長見過面。當我問他，妳遲到的累積次數多嗎，他回答不多。對老師的態度有變嗎？沒有，沒有。那就表示他當著我們的面，堅持說出與他寫在這本聯絡簿，這本妳從幾個星期前開始代替我們簽名的聯絡簿上的評語完全相反的事情。

是啊，不管他說什麼，妳也相信解決的辦法就是：不是用這種方式，就是以那種方式滾。結果妳選擇最糟的那種。

對某些人而言，霸凌始於幼稚園。霸凌瞄準的對象是胖的、矮小的、膚色不同的、語言能力有缺陷的、牙長歪的，或者就像妳，因為戴著眼鏡被人叫「書呆子」。在那些人的嘴巴裡，「書呆子」這個罵人的話就跟「可笑的傻蛋」一樣難聽。

當升到六年級，一切都會摻雜合併。在這個年紀，無論是什麼樣的人：想要認真讀書的人、很難認真讀書的人、需要走動或是聊天，沒辦法專注的人，全都會混在一起。到了三年級結束之際，狀況就會有所改善，妳們將會根據自己的興趣與能力分發或是引導。然而，與此同時，統一中學的複雜、混亂，會將妳們淹沒。

突然之間，妳擁有了一支手機，也能夠連線上網，感覺自己在面對世界時，擁有一種超級神力，而這種感覺，在某些成年人身上也有，而且還會過度放縱於這種感覺。螢幕後方，在虛擬名字底下，隨心所欲。妳丟出了十分荒謬的言論，就像那些以語言冰鎬暗殺政治人物的成人一樣。網路，就如同車輛。如果讓某些人掌握方向盤的話，他們會變得瘋狂，還會讓方向盤成為武器。於是，當有人似乎覺得訝異，並且以一種懷疑的語調問我，為什麼在學年開始時，我不准妳和其他同學一樣申請一個臉書帳戶時，我啞口無言。是社會的態度令人驚奇，而不是我們。法律禁止十三歲以下的孩童申請臉書帳戶，所以要責怪我們守法囉？

要是有一天，妳求我把車子給十五歲，還沒有駕照的妳駕駛，我也同樣會說不。法律規定就是十八歲，我也沒辦法，就算妳已經準備好了，也是一樣。我知道有九歲的孩子已經有臉書帳戶了。可是怎麼能夠讓一個九歲的孩子擁有臉書帳戶呢？其實只要隨意填寫出生日期就辦得到了。沒有任何的管控。

這就是問題。沒有任何的管控。每個人選自己想要的照片，為所欲為，等於是全年無休的變裝派對，然而我們面對的是一個獵食者的系統。

另外，基本上，中學校園裡禁止攜帶手機。所以必須要有人告訴我，為什麼妳的同學在學校可以傳訊息給妳，為什麼妳可以從學校廁所打電話給我。必須要有人向我解釋，為什麼我們可以在學生的臉書帳戶上欣賞到學校操場、食堂甚至是廁所的照片？這表示大家都為所欲為。必須要有人監督，必須要設下防制措施。

當提出「零容忍」，我想要說的是，第一次出言羞辱得提出一份報告；第二次出言羞辱就要送紀律委員會；第三次出言羞辱就是停學處分。以我自己為例，要是上班的時候，我在開會時叫一名女同事「蠢B」或是「婊子」，人力資源部會叫我過去，要我打包回家。這個社會保護成人多過孩子，真是太不可思議了。同事之間，甚至是配偶之間的精神霸凌，有法可罰，可是學生之間呢？直到近期，依然是什麼安排處置都沒有。一個孩子比成人還脆弱，卻不給他任何援助？

四月十五日那一天，當我們與校長見面時，接待我們的那位學區人員嘆了口氣，說：「我真是不懂。這明明是一所很平靜的學校啊！」

我幾乎跳腳：「您開什麼玩笑？我女兒死了，但您還說這是所很平靜的學校？」他們完全否認。他們確信自己捧的幾乎算是鐵飯碗，並且躲在保密義務的保護傘底下，所以完全安於自己的立場。當我問問題的時候，他們便以這個「保密義務」為由想堵住我的嘴。

不要再粉飾罪行了。必須正視死亡這件事。我知道親眼看著某人死去是什麼感覺，我不要再有哪個父母體驗我所體驗到的那一切。

從此，這就是我的戰鬥。

14

行動，快速做出行動

「一個攸關公眾健康的問題」

我們不能像個孩子般高喊：「喔，對啊，霸凌這件事真是無聊！」是啊，沒錯，然後呢？必須要提出解決辦法啊。就我而言，我就自己能力所及，全心全力地找出解決辦法。

當因霸凌而死的事例出現後，時任的教育代表賽戈蓮娜．羅雅爾為了對抗這類野蠻與過時的行為，推出一項法案並交付表決。這代表的意思是，只要有心，就辦得到。

首先，要認清目標並非處理校園暴力問題，而是針對校園中各種面向的同儕霸凌，謀求解決辦法。通常那些成為霸凌標靶的學生同樣也會在路上、在他們的臉書中，遭到霸凌者以簡訊、留言等各種方法糾纏折磨。

現今，霸凌的現象不但更惡化，還具有危險性，因為發生地點已不只限於校園中了，導致我們的年輕受害者，就算待在家裡，也沒有任何喘息、放鬆的機會。在心情平靜時，我們還能向自己的兄弟姊妹或父母訴苦。可是我猜想對那些沒辦法在家裡能夠退一步思考、減輕事情嚴重度、重拾心力的人而言，回到學校是極為痛苦的事，因為簡訊如雪花般傳來，臉書訊息轟炸個不停，鬥爭不斷進行，更過分的，甚至會進行一整夜。

千萬別讓孩子孤單面對霸凌者、面對因為怯懦，不敢獨自與那一群呼風喚雨的取笑者對抗的同班同學。千萬別等到憾事發生才有所行動。撲滅火災是好事，但更好的是，讓火災沒有機會發生。

我們在公共場合安裝了煙霧偵測器，要是能夠有霸凌者偵測器或是受霸凌者偵測器，那真可以說是個好的開始。需要發明出這種東西來。

每當有狀況發生時，警報就會作響。

目前，教師、學監等等所有在學校裡陪伴孩童的人士，並沒有任何配備工具可察覺出當下正在發生的悲劇。要是可以的話，讓受過專門訓練的人員巡迴校園。像是校護；懂得發覺受苦孩童的不快樂、能夠贏得信任的校護。我們也可以在青少年俱樂部安排值班室。訓練所有的教育工作者，無論他們的專長為何，讓他們對於霸凌問題有所警覺，並且協助他們辨識出時有時無的衝突。某些人，像是體育老師，最能夠覺察出變得虛弱的孩童。總是有信號發出。得要瞭解與辨識那些信號。

我們要知道，霸凌也會以肢體與心理暴力的形式展現出來。前者若是我們夠謹慎的話，想要偵測出其實並不太難：拳打腳踢、丟擲物品、違反對方意願所做的動作或是危險的遊戲，像是暴力傳球（把球傳進另一遊戲參與者的雙腳間）。後者則差不多是反覆的言詞羞辱、惡意排擠、孤立、要脅、謠言。當然，有時霸凌者會同時行肢體攻擊與陰險的心理手段。

我始終認為，中學是所有危險聚匯的場所。小孩子在就讀幼稚園或小學期間，一整天總是處在老師指導之下，老師會注意到任何行為的改變。老師有時也會隨著孩子到學校餐廳、操場、參加戶外教學，因而得以觀察有哪個孩子有退縮、遭到同學孤立、難以與人玩耍、食不下嚥等表現。而中學學生的老師會換，所以不管老師多有心，受限於教育體系的設計，他們無法得知下課時間時，或是在走廊、操場、餐廳裡，有什麼事發生。更衣間更難有他們的影子。這個可怕的密閉空間，體育教師不得其門而入，瑪莉詠，在那裡，妳似乎覺得自己落入陷阱。

對於幼稚園的孩子，我們能夠採取預防措施與落實陪伴，但是我們要如何能夠時時注意中學生呢？我認為老師應該每十五天就開一次會，針對每個班級提出檢討，而後再交叉比對彼此的評論與感覺，這麼一來便有可能辨識出那些是有憂鬱症狀的學生，也能夠提供更好的保護或協助，並且使那些欺壓同學的學生受到懲罰。。

畢竟我不懂為什麼沒有人針對不適當的行為與違反規定提出零容忍的主張。規定的存在，是為了令人類群體能夠和諧運作，要是不堅持規定，那等於讓最弱小的孩子面對叢林法則。可惜依據叢林法則，最野蠻的、最笨的、不認真的人會得勝。

這種規定的進行必須伴隨著對於他人無論其學術、社會與文化地位、外表、膚色、性格或個人障礙的善意表現。眾人皆有差異，成了我們的集體財富。我們應該在教育機構裡設置監護系統，讓每個人都能夠獲得一名成人或是某個最強或最威風的學生協助。不然聘請學生教練如何？群體的凝聚力、團隊精神都將因此而獲得強化。

不過要注意的是，那名成人無論在班級之中，或是在學生的心目之中，必須時時保有存在感。

拒絕上學的問題也必須解決。因為對受霸凌者來說，拒學經常是霸凌與令人痛苦的孤單相加的結果。讓一個孩子躲在家裡，罹患厭食症或是暴食症、對課業失去興趣、藉由毒品發洩，感覺自己一無是處、陷入憂鬱，是犯罪的行為。

當這個國家的一個孩子因為在學校嚴重受苦而死，就等於是我們每個人與我們年輕的未來以及國家的死亡。我們不能在校門口寫上自由、平等、博愛，然後放任孩子在校園裡受到虐待或侮辱。

瑪莉詠，我與爸爸將這些法國精神教給妳與克萊依絲，當巴提斯特懂事之後，也將教給他。我們經常告訴你們，學業成功是一種使人生成功、有價值的方法。當我小的時候，當時拿到好成績是件令人滿足的事情。可惜今日，在學校表現成功的定義，在許多學生的心目中等於受到歡迎、有許多朋友，就像在地中海俱樂部一樣。

當我們身為父母，堅持將正確價值觀灌輸給孩子，但卻有種遭到陷害的感覺。遭到電視陷害。某些英美劇呈現了某些青少年沉迷於極度危險的行為：不安全性行為、酒精、嗑藥的樣貌；這些女孩藉著說別人壞話與別人比較，或是進行誰最美、誰最醜這種愚蠢競爭的連續劇，正在摧毀年輕一代。這也代表聰明才智與成績，不再是最值得推崇的價值。

這是個缺乏判斷標準的世界。一個要是你在十三歲之前沒有臉書帳戶、不像大家一樣抽大麻，你的人生就是失敗的世界！瑪莉詠，還記得嗎？還得藉口有氣喘毛病來躲過香菸！而且妳還因為沒能像其他人一樣有Longchamp的包包，覺得自己很沒用。

在一個定義公主就是婊子的世界；一個伴遊女郎或是A片女星都是明星，不但成了高級名牌服裝設計師的繆思，上流行電視台的節目，並且擁有高收視率的世界。我們必須停止讓年輕人以為成功的人生就是如此！

如果說我創立一個協會，目的當然不是要重整這個世界，而是要以我自己的方式，加上所有願意支持我們之人的協助，希望能夠提供給家長、學生、老師一些工具與意見，來阻止這種發生在孩童之間的霸凌災禍蔓延，當這種災禍以悲劇作終，就該視為公眾健康問題。

我想要與真正的學生一起發展實際以及能實踐的宣傳活動。我也希望可以頒發獎項：瑪莉詠．菲斯獎給那些學生，無論是獎勵他們的想像力或是才能。我希望能夠創辦一個獎項，獎勵學校藉由旅行、會議，擬出懲罰集體狂熱尋找代罪羔羊的積極政策，發展內部凝聚力。

我也想要與學校，或是文具、書包、筆記本、行事曆、文件夾等名牌合作。無論是高中生或是國中生，在自己的背後展示反霸凌的口號或圖示，你就不再是個沒有用的人，相反的，你變成了一個很酷的人，依據正確的方向行事，正面而積極，令人覺得超了不起。要是你有好點子的話，甚至還會獲獎。

要是你是霸凌的受害者，可以與一所按照規矩處理霸凌事件的學校談論你的苦處，而不會是告密者，校長會挺你，協會也會支持你，還有兒童精神科醫師會介入。我們要與年輕人收聽的電台合作，舉辦一場類似反歧視節這樣的活動。總之，要讓霸凌變得不時興，讓更多人有這種行為很無聊、野蠻危險、像鄉巴佬一樣的觀念。

必須揭發霸凌者，並且讓他們受到忽視。把一個男孩或女孩當成出氣筒，群起圍攻，拚命讓那個孩子痛苦，怎麼樣也不放過他，這到底有什麼意思呢？這哪裡有樂趣呢？像小狗標示地盤的樂趣嗎？感覺自己比別人更強大的樂趣嗎？當四、五個人攻擊一個，自覺強而有本事不難想像。可是那只不過是錯覺而已。事實上，那只是坦承自己的脆弱無力，也證明了個人的怯懦。

如果我是你們學校的校長，我會致上哀悼之意，也會充滿歉意，並且提出辭呈，或者嘗試把學校改變為領航的學校。我會張貼一大張瑪莉詠的照片，讓大家永遠記住她，讓她的故事成為教訓。孩子每一天都會經過學校大門。如何集體修補這種荒謬景況呢？

校長連一分鐘的默哀都不願意。在妳死後隔天，他宣稱：「就讓那件事過去吧，人生還要繼續。」如同命令。還是學生自發堅持要為妳默哀一分鐘。

他們說：「人生還要繼續」。可是在這所中學之中，繼續的是霸凌。一個中學女生在更衣間被同學拿著打火機和止汗噴霧攻擊。他們撂狠話：「我們要把你變成一支焊槍。」羅曼被扯著頭髮拖行。張貼在網路上的那張照片，看似在學校廁所裡拍的。

某些國家針對霸凌所採取的行動獲得了成效。芬蘭這個國家，有幸因為一項果決的政策，使得國內霸凌現象在十五年當中降低了三分之一。瑞典與加拿大成功地降低了青少年的危險行為發生率。在英語國家當中，像是前美國總統歐巴馬或是前英國首相卡麥隆都曾針對這個主題發表言論，而一些名人，像是英國凱特王妃透過積極參與活動，打破沉默，告訴眾人：「我也曾是霸凌的受害者。」

我們必須自國外的作法中獲得啟發，不要再進行那些從未產生效果的道德勸說。告訴學生霸凌他人是不好的行為，這樣不夠。這有點像是家長不斷地告訴小孩：「不可以，要是你再這樣的話，你就會遭到處罰。」但是卻從沒有實現。要是不施以處罰的話，孩子就會處於衝突與任性妄為之中。

瑪莉詠啊如妳所見，讓妳離開的狀況讓我們那麼混亂、絕望、憤慨，以致他人不情不願承諾的支持無法讓我滿足。對我們來說，妳的死就如同一件值得鄭重以對的醜聞，有時候，我需要書寫、堅持、幾乎懇求，讓他們肯賞賜我回信。

我不由得想，要是妳是哪個執政黨黨要員、電視明星或是某位部長的女兒，故事將會受到大篇幅報導，也會賺得許多人熱淚。當我看到一位女老師的死震驚代表國家的官員，但是瑪莉詠妳的死卻沒有，便不禁惻然。

我公開聲明，希望能夠號召大家投票贊成通過一條懲罰學生霸凌行為的法律。你以為一個議員聯繫我們，是為了支持這個想法，或是想與我們共同努力嗎？不，才不是。他們沒有任何表示。雖然在我寫這本書當下，已經有一條法律了，但是大家毫不在乎。

我需要將自己與體制之壁衝撞的感受寫成文字。或許我對於學校、大學區、部長、政府的期待太大了。或許吧。

可是他們給我的回應，每次都讓我有種被捅一刀的感覺。那些回應中，缺乏能安撫我們的人性，與處理霸凌這種災禍，除了妳以外其他案例的決心；而這種決心將會讓妳的信造成反響，而若有可能，也會為妳的舉動賦予意義。

第一封信，我前面已經說過，是我和你爸爸在二〇一三年二月十九日寫給總統歐蘭德與文森．貝永部長。我們將當時你走後的六天所獲得的資訊皆詳列信中。我們同時還提到了你的妹妹與弟弟：

我們還有兩個孩子要保護，請讓他們看見你們即將祭出紀律處分，也會伴同我們一起懲罰霸凌者。你們不該保護這些因為怠忽職守與沉默，將瑪莉詠推向終結生命的人。

在結尾的部分，我們向他們正式請求協助：

歐蘭德總統與文森．貝永部長先生，盡快拯救我們的孩子，是你們的職責，也是你們的責任。雖然可惜對瑪莉詠來說已經太遲，可是對於其他孩子而言，依舊還有機會。請你們採取行動吧！

二〇一四年四月十日，我再次向總統寄出請願書，同時也將複本寄給婦女權益部長、健康部長與教育部長，當時是貝諾．哈蒙。我不斷地狂撥電話到哈蒙先生與歐蘭德先生的辦公室，在三個月之後，終於收到哈蒙先生一封語氣淡漠的回信。我向他們說明自己不久前在校長寄給上級的信件當中發現，他管叫我「毀謗的女人」。可以想像嗎，我整個人既氣憤又沮喪。

我同樣也發現這所學校與妳的班級家長代表名單負責人發信支持校長，讓我們感覺就像遭到背叛。她是選來為家長服務的人啊，事實上卻不是。

但是，最令人難受的是大學區區長的回覆。他在回信中感謝了這位家長代表的支持。

同樣在這封二〇一四年春季，也就是妳走後一年，所寄出的信當中，我向他們報告校長在一封寄給大學區區長與部長的信中，提到我「上鏡的痛苦」，用意在於要讓我沒有資格在媒體上發言與探求真相。

所以，我們必須要讓這些高官知道我們的行動引發了對社團主義的反思與中傷我們的運動。

數學家賽迪克．維蘭尼先生近來在FRACE INTER電台節目上表示：「教育系統必須以信任為基礎。」這道理顯而易見，卻只是一廂情願。我創立「瑪莉詠．菲斯─伸出援手」基金會，就是希望幫助所有像我們一樣，面對封閉與寡言的組織機構時，感覺遭到遺棄、孤立、迷失的人。希望能夠為各個領域提供所有的建議與支持。我知道，那隻伸出的手，已經備受等待。

給克萊依絲與巴提斯特

　　當我們失去了一個孩子，無論她的死因為何，在前幾個星期當中，我們把全部的時間、全部的精力、全部的思緒，全都給了那個孩子，更何況這個孩子死於一種我們能夠辨識得出，並且原本能夠避免的邪惡：在我們的感覺之中，她就像是死於一場謀殺。

　　對於她的手足來說，那又是雙重的痛。我的克萊依絲和巴提斯特，你們失去了你們的姊姊，而我們，你們的父母，因為被痛苦驚嚇、綑綁、壓垮，所以讓你們有時候也有失去我們的感受。悲傷是一池泥淖，將生存的欲望吞沒。可是，瑪莉詠的妹妹和弟弟啊，你們倆應當要繼續你們的人生；儘管面臨這場不公平的試煉，但是我相信你們未來會擁有一個美好的人生。我們會竭盡全力讓你們的人生美好。

有個死去的孩子，就如同家裡有個毒蟲。我們花時間照管他的同時，卻也忘了其他狀況好的成員。可是我和爸爸不會忘記你們。我們從來沒有停止過愛你們，可是，我們會有因為瑪莉詠的遭遇而頭腦不清楚的時候。

需要照顧活著的人。需要替那些不願給自己的父母添麻煩而假裝一切都很好的人想想。需要替那些沉默不出聲的人想想。我最近找到你們倆的照片。照片中的你們，雙眼暗沉，表情相當悲傷。巴提斯特啊，就連才兩歲的你，神情竟然就與遭逢過災難的孩子一樣凝重。而克萊依絲，我永遠都不會忘記當我坐在電腦前時，妳寫給我的那張小紙條。當時，我正傳訊息給我們的律師，而妳寫了這些話語給我：「我和巴提斯特都在。請妳也照顧我們。」

幸好你們都在。讓我們如此驕傲、滿足的你們，在我們的心目中是那麼重要。所以這本書，也是為了你們而寫。

結語

普世概念可能從某則私人故事而生。

我期盼這本書能夠在你們的家庭、學校之中或是其他地方成為討論的話題。能夠發揮導火線的作用，並且令人意識到學生之間霸凌的嚴重性。能夠使我們的教育機構針對這個災害採取行動，並且保護在學校中我們的孩子，因為某些人所受到的折磨會痛苦到讓他們有時會結束自己的生命。

所以，當務之急是讓學校繼續或重新成為一個自我實現的場所。而這就是「瑪莉詠・菲斯—伸出援手」基金會的任務之一。

鳴謝

給妳，瑪莉詠，我的女兒、我的愛、我的寶貝、我的長女，是妳讓我成為一個母親，讓我們成為父母，我用這一生向妳道謝都不夠。

瑪莉詠，我要為了這十四年的幸福（我把孕期也算在內），為了在一九九九年的日全蝕把妳生出來所增加的十三公斤，向妳道謝。謝謝妳曾經是那樣漂亮、溫柔、大方、風趣、率直、聰明，或許還太聰明了！

妳夢想成為一位建築師，這一次，妳成了我們生命的建築師。死亡不會讓愛止息。我們對彼此說聲待會見，也許有一天，當我的時日結束，我將會與妳相聚。在此之前，我的冬雪精靈啊，我會繼續這場艱難但必要的戰鬥，讓妳的死不會只是一則社會新聞。就算妳的心不再跳動，我的心也會為妳跳動、為妳戰鬥。

大衛，我的丈夫，謝謝你。謝謝我的孩子克萊依絲與巴提斯特，謝謝你們。你們是我的愛、我的力量。

謝謝我們所有的家人。謝謝媽媽、謝謝或許正陪在瑪莉詠身旁的爸爸、謝謝我的姊姊與姊夫、謝謝我的兄弟和妯娌、謝謝我的姪甥。瑪莉詠，他們都非常想念妳。謝謝大衛所有的家人。

謝謝我的朋友——真正的朋友，當然了。謝謝支持我的同事。謝謝照顧克萊依絲，以及從此之後也照顧巴提斯特的幼稚園與小學老師。謝謝亞美莉雅與她的家庭。我還要謝謝教區的志工。

謝謝捷克琳（雷米），要是沒有她，就沒有這本書。謝謝我的編輯克萊依絲·可安與佛羅倫斯·蘇坦對我的堅定支持。

謝謝我們的律師大衛·貝合，一位非凡出眾的男性。

謝謝我們的家庭醫師福朗蘇娃。謝謝心理醫學中心的團隊。

謝謝所有在這段考驗期間支持過我們的無名氏。這本書也屬於你們。

最後，謝謝所有讀者，無論你們是基於何種理由讀這些篇章，謝謝你們。

附錄：
給台灣的瑪莉詠，當自己被霸凌了怎麼辦？

台灣可求助的支援管道：

- 第一時間向導師、家長反映
- 投訴到學校投訴信箱
- 撥打縣市反霸凌投訴專線投訴(如下附表)
- 撥打教育部24小時反霸凌專線投訴：0800-200-885
- 在校園生活問卷中提出
- 向可信任的其他人求助：管區警察、好同學、好朋友
- 留言給教育部防制校園霸凌專區留言專區反映：
  https://csrc.edu.tw/bully/message_list.asp

附表一：
台灣各縣市反霸凌投訴專線

基隆市	02-24322134 或 1999 市民服務專線
臺北市	02-27252751 or 02-27208889 或 1999 市民服務專線
新北市	02-29560885 或 1999 市民服務專線
桃園市	03-3322101 轉 7457 或 1999 市民服務專線
新竹市	035-248168 或 1999 市民服務專線
新竹縣	035-518101 轉 2837 or 1999 服務專線
苗栗縣	037-559706 或 1999 市民服務專線
臺中市	0800-580995 or 04-22289111 轉 55112 or 1999 服務專線
南投縣	049-2244816 or 049-2230885 or 1999 服務專線
彰化縣	04-8357885 or 04-7222151
雲林縣	05-5522410 or 05-5334432 or 1999 服務專線
嘉義市	05-2224741 or 05-2254321 轉 367
嘉義縣	05-3620113 or 05-3620123
臺南市	06-2959023 or 1999 服務專線

高雄市	0800-775885 or 07-7995678 or 1999 服務專線
屏東縣	08-7347246 or 07-7320415 or 1999 服務專線 (服務至 22 時)
宜蘭縣	03-9254430 or 03-9251000 轉 2673 or 1999 服務專線 (服務至 22 時)
花蓮縣	03-8462860 轉 238 or 03-8320202 or 1999 服務專線
臺東縣	089-322002 轉 2231 or 1999 服務專線
澎湖縣	06-9272415 or 06-9274400 or 1999 服務專線
金門縣	082-325630 轉 62403 or 0800-318823 or 1999 服務專線
連江縣	0836-22902 轉 18 or 0836-25131 or 1999 服務專線 (服務至 22 時)

瑪莉詠的遺書

作　　者——諾拉．弗雷斯、賈桂林．雷米（Nora Fraisse，Jacqueline Remy）
譯　　者——黃琪雯
社　　長——陳蕙慧
副總編輯——戴偉傑
責任編輯——何冠龍
行銷企劃——陳雅雯、尹子麟、洪啟軒
內文排版——簡單瑛設
封面設計——朱疋

讀書共和國出版集團社長——郭重興
發行人兼出版總監——曾大福
出 版 者——木馬文化事業股份有限公司
發　　行——遠足文化事業股份有限公司
地　　址——231 新北市新店區民權路 108-4 號 8 樓
電　　話——(02)2218-1417
傳　　真——(02)8667-1891
郵撥帳號——19588272 木馬文化事業股份有限公司
客服專線——0800-221-029
客服信箱——service@bookrep.com.tw
法律顧問——華洋國際專利商標事務所 蘇文生律師
印　　製——呈靖印刷有限公司

初版一刷——2020 年 11 月
定　　價——300 元
I S B N——978-986-359-830-5

Printed in Taiwan

Marion,13 ans pour toujours by Nora Fraise
Récit recueilli par Jacqueline Rémy

國家圖書館出版品預行編目 (CIP) 資料

瑪莉詠的遺書 / 諾拉 . 弗雷斯 (Nora Fraisse), 賈桂林 . 雷米 (Jacqueline Remy) 作 ; 黃琪雯譯 . -- 初版 . -- 新北市 : 木馬文化出版 : 遠足文化發行 , 2020.11
面；　公分
譯自 : Marion, 13 ans pour toujours
ISBN 978-986-359-830-5 (平裝)

1. 學校安全　2. 校園霸凌　3. 網路霸凌

527.59　　109011572